글 강지혜

서울예술대학교와 한국예술종합학교에서 문학을 공부했습니다.
재미없는 글을 쓸 바엔 키보드를 만지지 않겠다는 마음으로 글을 쓰고 있습니다.
쓴 책으로는 '오 마이 갓! 어쩌다 사춘기 시리즈'와 '반려세상 시리즈', '요즘 공부 시리즈' 등이 있습니다.
jamja00@naver.com

그림 강은옥

어른이 되어 더 이상 그림책을 보지 않게 되었을 때, 아주 우연히 멋진 그림을 발견하게 되었어요.
알고 보니 유명한 그림책에 실린 그림이었어요. 그때부터 아이처럼 그림책에 한없이 빠져들었지요.
지금은 원 없이 그림책과 동화책에 그림을 그리며 재미있고 즐겁고 멋진 하루하루를 보내고 있어요.
앞으로 아이들 마음을 그대로 담은 그림들을 더 많이 그릴 거예요.
그린 책으로 『된장찌개』, 『따로를 찾아라!』, 『아삭 아삭 배추김치』, 『공감 씨는 힘이 세!』,
'반려세상 시리즈' 등이 있습니다.

과학적이고 감성적인 한 가족의
반려동물 키우기

글 강지혜 | **그림** 강은옥 | **사진** shutterstock
펴낸날 2018년 3월 30일 초판 1쇄, 2021년 10월 1일 초판 4쇄 | 2023년 6월 19일 개정판 1쇄
펴낸이 김상수 | **기획·편집** 이성령, 권정화, 전다은 | **디자인** 문정선, 조은영 | **영업·마케팅** 황형석, 오정훈
펴낸곳 루크하우스 | **주소** 서울시 서초구 사임당로 50 해양빌딩 504호 | **전화** 02)468-5057 | **팩스** 02)468-5051
출판등록 2010년 12월 15일 제2020-203호
www.lukhouse.com cafe.naver.com/lukhouse

ⓒ 강지혜, (주)루크하우스 2018
저작권자의 동의 없이 무단 복제 및 전재를 금합니다.

ISBN 979-11-5568-564-8 74300
ISBN 979-11-5568-316-3 (set)

※ 최신 정보를 기준으로 26쪽 '가장 오래 산 거북', 37쪽과 71쪽의 동물 보호법 정보가 수정되었습니다.
※ 잘못된 책은 구입처에서 바꾸어 드립니다.
※ 값은 뒤표지에 있습니다.

상상의집은 (주)루크하우스의 아동출판 브랜드입니다.

과학적이고 감성적인 한 가족의

반려동물 키우기

🐾 글 강지혜 🐾 그림 강은옥

상상의집

 동생이 필요해

한 시간 전

"엄마 아빠, 잠깐 나랑 이야기 좀 해!"

나는 눈썹을 바짝 세우고 엄마 아빠에게 말했다. 저녁 아홉 시. 우리 집이 가장 평화로운 시간이다.

"엄마 아빠가 회사에 다니느라 많이 힘든 거 알아. 근데 나 너무 외로워. 다른 가족이 필요해."

"다, 다른 가족? 도대체 그게 무슨 말이야?"

"동생이 필요해."

나는 황당해하는 엄마 아빠를 보고 씨익 웃었다. 그리고 준비했던 말을 터뜨렸다.

"반려동생, 그러니까 반려동물 키울 거야. 말리지 마!"

그리고 지금, 큰일이 일어났다!

"어떤 반려동물을 키우고 싶은지 정해서 알려 줘. 그럼 우리도 고민해 볼 테니까."

엄마 아빠가 이렇게 말했으니 허락을 받은 거나 다름없다.

나는 콧노래를 부르며 내 방으로 들어와 침대에 누웠다. 모든 일이 내 뜻대로 되어 가고 있었다. 그런데 그때, 그 녀석이 나타났다.

"네가 반려동물을 키운다고? 지나가던 개가 웃겠다!"

나는 침대에서 벌떡 일어나 방 안을 둘러보았다. 방문은 닫혀 있었고 컴퓨터 전원이 켜져 있는 것도 아니었다. 무슨 소리지? 괜히 소름이 으스스 돋았다. 그런데 다시 또, "왈왈! 이건 개가 웃는 소리다." 하는 목소리가 들렸다. 머리카락이 삐죽삐죽 솟았다.

나는 소리가 나는 책상 앞으로 갔다. 세상에, 빼빼 마른 선인장이 개 짖는 소리를 내며 나를 쳐다보고 있는 게 아닌가.

나는 볼을 꼬집어 보았다. 꿈이라면 아프지 않을 텐데 너무나도 아팠다. 말하는 선인장이라니!

"나한테 한 번이라도 물이나 줘 본 적 있어? 내가 사막 출신이라고 물을 안 줘도 되는 줄 알아?"

나는 말하는 선인장 때문에 깜짝 놀라 뒤로 넘어지고 말았다.

선인장이라 그런가? 가시 돋친 말을 잘했다. 나는 할 말이 없었다. 솔직히 말하면 선인장이 내 방에 있는지도 몰랐다.

"나도 제대로 돌보지 못하는 주제에 무슨 반려동물이야? 누구든 데려오기만 해 봐. 방 안을 아주 이 가시로 도배를 해 버릴 테니까!"

선인장은 화가 많이 나 보였다. 나는 내 반려동물이 선인장의 가시를 피해 도망 다니는 모습을 상상했다. 한숨이 나왔다. 어떻게 하면 선인장의 마음을 풀어 줄 수 있을까?

나는 부엌에서 물을 한 컵 따라 와 선인장에게 주었다.

"난 정말 반려동물 동생을 원해. 내가 한 달에 한 번 꼭 물을 줄게. 해가 잘 드는 창가에도 놓아 줄게. 화 좀 풀어."

"좋아. 그럼, 어떤 반려동물을 키울지 나한테 허락을 받아. 알았어?"

나는 말도 안 된다고 생각했다. 하지만 다른 방법이 없었다.

"알았어. 대신 너도 무조건 싫다고 하면 안 돼."

선인장은 고개를 까딱하더니, 가시를 바짝 세우고 나를 노려보았다.

"혹시라도 나 몰래 반려동물을 데려오기만 해 봐. 이 가시가 장식이 아니라는 걸 제대로 보여 줄 테니까."

선인장의 가시가 햇빛을 받아 반짝여서 더더욱 날카로워 보였다. 아무래도 선인장을 이길 방법은 없을 것 같다.

이렇게 나의 반려동물 찾기 프로젝트가 시작되었다.

 사람마다 생김새가 다르고 성격도 다르듯 내가 입양한 반려동물도 아래 소개되는 내용과 약간 다를 수 있습니다.

반려동물 키우기 전, 체크 리스트!

반려동물은 인형이 아니다. 살아 있는 생명으로 존중해야 한다.	☐ 예	☐ 아니요
주인이 아니라 함께 살아갈 가족으로서 반려동물을 입양할 것이다.	☐ 예	☐ 아니요
입양할 반려동물에 대해 공부를 항상 열심히 할 것이다.	☐ 예	☐ 아니요
함께 살 가족들에게 충분히 상의를 하고 허락을 받았다.	☐ 예	☐ 아니요
나와 가족에게 털 알레르기가 있는지 살펴보았다. (털 알레르기가 있으면 열대어나 거북이 등을 고려해 보자!)	☐ 예	☐ 아니요
반려동물이 말을 듣지 않거나 말썽을 피운다고 무조건 화를 내지 않겠다.	☐ 예	☐ 아니요
귀엽다고 너무 자주 만지는 등 괴롭히지 않겠다.	☐ 예	☐ 아니요
우리 집이나 내 방에 반려동물이 지낼 공간이 충분히 있다.	☐ 예	☐ 아니요
매일매일 반려동물의 밥을 챙기고 배변을 치울 자신이 있다.	☐ 예	☐ 아니요
예방 주사나 구충제가 필요하면 잊지 않고 챙기겠다.	☐ 예	☐ 아니요
반려동물이 아플 때 병원에 데려가거나 곁을 지킬 수 있다.	☐ 예	☐ 아니요
멀리 여행을 갈 때는 반려동물을 대신 맡아 줄 사람이 주변에 있다.	☐ 예	☐ 아니요
내 용돈을 쓰거나 부모님의 도움을 받을 수 있다. (반려동물을 키우면 돈이 많이 든다.)	☐ 예	☐ 아니요
반려동물을 버리지 않고 끝까지 키울 자신이 있다.	☐ 예	☐ 아니요

※ 체크 항목에 '아니요'가 있다면 부모님 혹은 전문가와 함께 고민해 보자.

반려동물 찾기 프로젝트

🐾 프롤로그 • 4

햄스터 →10 토끼 →16 거북 →24

개 →30 앵무새 →38 열대어 →44

🐾 반려가족 후보를 소개합니다! ① • 50

고슴도치 →52 개구리 →58

고양이 →64 도마뱀 →72 병아리 →78

기니피그 →84 페럿 →90

🐾 반려가족 후보를 소개합니다! ② • 96
🐾 에필로그 • 98

일본의 한 동물원에 아찬이라는 뱀이 살았다. 사육사는 아찬에게 먹이로 햄스터를 주었지만 아찬은 햄스터를 잡아먹지 않았다. 대신 아찬과 햄스터는 함께 놀며 둘도 없는 친구가 되었다. 나는 선인장에게 이 이야기를 들려주었다.

"정말 신기한 이야기이지 않아?"

"신기하긴 하지. 하지만 그건 정말 어쩌다 한 번 있는 일이야. 평소라면 뱀이 햄스터를 잡아먹었겠지."

흥, 그걸 누가 모르나? 잘난 척하기는. 선인장은 현실적이다. 그래서 내 반려동물을 잘 골라 줄지도……?

햄스터의 몸무게는 보통 130~180그램 사이이고 몸길이는 12~15센티미터이다.

햄스터의 볼에는 볼주머니가 있다. 볼주머니는 불룩하게 늘어나서 여기에 먹이나 톱밥을 저장한다. 위험한 상황에 닥쳤을 때는 새끼를 볼주머니에 넣어서 보호하기도 한다.

햄스터의 털은 검은색, 주황색, 흰색 등 다양하다. 이빨이 계속 자라기 때문에 단단한 음식이나 이갈이 비누로 갈아 내야 한다.

"햄스터가 볼주머니에 먹이를 잔뜩 넣고 우물거릴 때 너무 귀엽지?"

"너도 가끔 볼 빵빵하게 하잖아. 학교는 늦었는데 아침밥 먹고 나가야 할 때 말이야."

정말이다. 늦잠 자서 세수하기도 귀찮은데, 엄마는 "밥 한 숟가락만 먹고 가렴." 한다. 그러면 나는 잠에서 덜 깬 채 입만 벌린다. 엄마가 반찬을 넣어 주면 입안 가득 넣고 우물우물……

햄스터(hamster)는 독일어 '저장하다(hamstern)'에서 온 말이다. 볼주머니에 먹이를 넣어 두는 모습 때문에 이렇게 붙여졌다.

1930년 시리아에서 처음 발견한 동물의 어미와 새끼들을 잡아 길들였다. 이 동물이 지금의 햄스터다. 이후 햄스터는 반려동물로 많은 사랑을 받고 있다. 하지만 그만큼 실험동물로도 많이 쓰인다.

나는 텔레비전에서 동물 실험하는 장면을 본 적이 있다.

"위험한 실험에는 사람 대신 햄스터나 토끼, 생쥐, 개 등 동물을 쓴대. 동물들도 살아 있는 생명체인데……. 마음이 안 좋아."

"그래도 지금은 동물 실험을 조금씩 줄여 나가고 있대."

선인장과 나는 한숨을 쉬었다. 실험동물에게 미안한 마음이 들었다.

햄스터는 혼자 생활하는 것을 좋아한다. 좁은 곳에서 여러 마리가 함께 생활하면 영역 싸움을 벌이기 때문에 한 마리만 기르는 것이 좋다. 또한 암수가 함께 있으면 갑자기 새끼를 많이 낳을 수 있으니 주의해야 한다. (골든햄스터의 경우 2주마다 새끼를 낳는다.)

햄스터는 낮에는 대부분 어두운 곳에 들어가 잠을 자고 밤이 되면 활발히 움직인다. 그렇기 때문에 낮에는 햄스터가 숨을 은신처를 마련해 주고, 햄스터를 억지로 만지지 않는 게 좋다. (물론 낮에도 주변이 조용하면 은신처에서 나와 돌아다니기도 한다.)

날씨가 추워지면 야생 햄스터는 겨울잠에 든다. 하지만 반려동물로 키우는 햄스터는 겨울잠을 자면 죽을 수도 있다. 그래서 햄스터가 겨울잠에 들지 않도록 항상 따뜻한 온도를 유지해 주어야 한다.

"그런데 선인장, 너는 나 말고 다른 사람에게 말 건 적 있어?"
"아니, 네가 처음이야. 왠지 너는 말을 걸어도 놀라지 않을 것 같았거든."
"뭐? 나는 정말 놀라서 오줌이 나올 뻔했다고!"
선인장은 정말 이상한 녀석이다. 처음으로 말을 건 사람이 나라니……. 그때를 생각하면 지금도 소름이 돋지만 기분이 나쁘진 않다. 설마 나도 모르는 사이에 선인장에게 정이 들고 있는 건가?

햄스터를 키울 때 필요한 용품들

케이지 · 은신처 · 먹이 그릇 · 급수기 · 사료

간식(⇨채소, 과일) · 장난감(⇨쳇바퀴 등) · 이갈이 비누(혹은 단단한 채소) · 톱밥(혹은 모래)

햄스터를 키우게 된다면?

좋은 점
몸집이 작고 다리가 짧고 꼬리가 있어서 귀엽다.
함께 사는 사람의 목소리와 냄새를 기억해서 알아본다.
먹이를 먹을 때 볼주머니가 잔뜩 부풀어 오른다.
기분이 좋으면 점프를 한다.
목욕을 시킬 필요가 없고 냄새가 많이 나지 않는다.
조용하고 털이 날리지 않는다.

생각해 볼 점

귀엽다고 자꾸 만지면 물 수도 있다.	주의 필요
불안하면 어미가 새끼를 잡아먹기도 한다.	관리 필요
온도나 습도가 너무 높으면 병에 걸릴 수 있다.	관리 필요
겨울에는 집을 따뜻하게 해 주어야 겨울잠을 자지 않는다.	관리 필요
야채나 채소를 너무 많이 먹으면 설사를 할 수 있다.	주의 필요

나의 결론
  예전에 반 친구가 학교에 햄스터를 가져온 적이 있다. 주머니 안에서 햄스터를 꺼냈는데 꼬물꼬물 움직이는 게 너무 귀여웠다. 지금 생각해 보니 주머니에 햄스터를 넣는 행동은 햄스터에게 좋지 않다. 햄스터는 작고 귀여운 만큼 연약해서 스트레스를 잘 받기 때문이다.
  만약 내가 햄스터를 키우게 된다면 '완벽한 보호자'가 되어서 잘 돌봐 줄 거다. 햄스터 집을 자주 청소해 주고 먹이와 여러 가지 간식도 잘 챙겨 주어야지!
  아, 맞다! 햄스터는 살이 찌면 병에 걸리거나 오래 못 살 수도 있다. 그래서 쳇바퀴가 꼭 필요하다. 쳇바퀴만큼은 내 용돈으로 사 주고 싶다. 그러기 위해서 군것질을 줄여 절약하겠다. 햄스터를 위해서라면 어려운 일도 아니다.

꼬리 치는 교과서

땅에 사는 동물 찾아보기

　땅에는 다양한 동물이 살고 있다. 땅에서 사는 동물은 땅에서 자란 식물을 먹고 나뭇가지와 흙, 돌 등으로 집을 지어 생활한다.

　땅 위에 사는 동물에는 소, 사슴, 너구리, 멧돼지, 말, 양, 쥐 등이 있다. 대부분 다리로 걷거나 뛰어다닌다. 메뚜기, 여치, 벼룩 등은 튼튼한 뒷다리로 튀어서 움직인다.

　땅속에 사는 동물로는 땅강아지나 두더지, 매미, 애벌레, 지렁이가 있다. 두더지는 땅을 잘 팔 수 있는 뾰족한 발톱을 가지고 있다.

　햄스터처럼 땅 위와 땅속을 오가는 동물에는 뱀과 개미가 있다. 뱀은 다리가 없어서 배를 땅에 대고 기어서 이동한다.

"토끼는 어때? 풀을 야금야금 갉아먹는 모습이 너무 귀엽지 않아?"

"뭐? 토끼? 풀을 먹으면 초식 동물 아니야?"

초식 동물이 맞다고 하자 선인장은 온몸을 부르르 떨었다.

"토끼에게 먹힐까 봐 걱정 돼?"

내가 놀리자 선인장이 "걱정? 웃기네. 하나도 겁 안 나!" 하고 외쳤다. 하긴, 내가 토끼면 굶어 죽는 한이 있더라도 가시가 뾰족한 선인장은 먹지 않을 것이다.

야생에 사는 토끼에게는 천적이 많다. 어디서 어떤 동물이 나타날지 몰라 토끼는 항상 긴장한 상태로 귀를 기울여야 한다. 토끼 귀는 커다랗기 때문에 멀리서 나는 소리까지 알아차린다. 또한 큰 귀를 이용해 몸의 열을 빨리 내보낼 수도 있다. (품종에 따라 귀가 작은 토끼도 있다.)

대부분의 토끼는 앞다리가 짧고 뒷다리가 앞다리의 두 배 정도 길다. 가장 빠르게는 시속 70킬로미터로 달릴 수 있어서 천적으로부터 도망칠 수 있다. 이뿐 아니라 소리를 지르고 뒷다리로 땅을 차며 천적을 경계하기도 한다.

토끼 눈이 빨갛다는 말이 있는데 일부 품종만 그렇다.

"그거 알아? 토끼는 달나라에 살고 있어."

선인장은 엄청난 비밀을 알려 주는 것처럼 나에게 속삭였다. 달에는 공기가 없어서 생명체가 살지 못한다고 책에서 읽었는데, 선인장은 왜 이런 말을 하는 걸까?

"저길 봐. 보름달이 뜰 때 달을 오래 쳐다보면 토끼가 보여."

아하! 마침 달이 가득 찬 날이다. 선인장과 함께 보름달을 바라보았다.

토끼 입에는 수염이 달려 있고 윗입술은 세로로 갈라졌다. 위턱에는 총 네 개의 윗니가 있으며 서로 겹쳐 있다. 아래턱에는 두 개의 아랫니가 있고 안쪽으로는 어금니가 많이 나 있다. 그래서 토끼는 단단한 채소도 갉아먹을 수 있다. 반려 토끼에게는 전용 사료뿐 아니라 건초나 과일도 준다. 산책을 나갔을 때는 토끼가 야외의 풀을 먹게 두면 안 된다. 풀에 살충제나 농약이 묻어 있거나 독초일 수도 있기 때문이다.

"그럼, 토끼랑 쥐는 같은 종류인가? 앞니가 툭 튀어나온 게 비슷하잖아."

"아니, 쥐는 설치류고 토끼는 중치류야. 토끼는 위턱 앞니가 두 겹이래."

나는 토끼의 겹쳐진 이빨을 노트에 그려서 선인장에게 보여 주었다.

"그리고 토끼의 이빨은 계속 자란대. 햄스터처럼."

"헉, 뭐라고? 계속 자란다고?"

선인장이 뭘 상상하는지 알 것 같았다. 뱀파이어의 송곳니처럼 길어진 토끼 이빨을 떠올리겠지? 하지만 그런 경우는 매우 드물다고 한다.

다 자란 토끼는 일 년 내내 새끼를 낳을 수 있다. 임신 기간도 한 달이고 번식 주기도 짧다. 그렇기 때문에 미리 관리를 하지 않으면 순식간에 토끼 수가 늘어날 수 있다.

토끼 똥은 작고 동그란 모양이다. 그중에서 묽고 끈적거리는 똥은 영양분이 남아 있는 것이라 토끼가 다시 먹는다. 이후 똥은 딱딱하고 마른 상태로 나온다.

토끼에 대해 선인장과 한참 이야기하고 있는데 엄마가 불쑥 들어왔다.

"아이고 깜짝이야! 엄마는 노크도 몰라?"

나는 너무 놀란 나머지 선인장을 들고 자리에서 벌떡 일어났다.

"이 밤중에 누구하고 이야기하는 거야? 설마?"

나는 침을 꼴깍 삼키며 선인장을 슬그머니 책상에 올려 두었다.

"여자 친구 생겼어?"

"아이, 엄마는!"

나는 방문을 닫았다. 휴, 하마터면 말하는 선인장이 있다는 사실을 들킬 뻔했다. 목소리를 조금 낮춰야겠다.

토끼를 키울 때 필요한 용품들

케이지 / 먹이 그릇 / 물그릇 / 화장실(혹은 배변 패드, 건초)

빗 / 산책줄(몸줄) / 토끼 사료 / 건조 과일

반려동물 토끼의 종류를 알아보자!

미국 토끼 사육 협회(ARBA)에서는 총 49품종의 토끼를 인정하고 있다. 외국에서는 토끼를 오랫동안 키워 왔다. 우리나라에서도 차츰 반려 토끼에 대한 관심이 늘고 있다. 인기가 많고 어렵지 않게 입양할 수 있는 토끼를 알아보자.

롭

귀가 축 처져 있고 끝이 동그랗다. 롭의 조상인 잉글리시롭은 귀가 땅에 끌릴 정도로 길었다. 롭의 종류에는 프렌치롭, 미니어처롭, 드워프롭, 아메리칸퍼지롭 등이 있다. 성격은 얌전하고 겁이 많다. 행동은 둔한 편이다. 귀가 길어서 귓병이 생길 수 있으니 정기적으로 청소를 해 주어야 한다.

드워프

몸이 동그랗고 크기가 작다. 다 자라도 1.3킬로그램 정도이다. 목이 짧고 귀의 크기도 작다. 눈 주위에 검은 테두리가 있기도 하다. 드워프오토, 네덜란드드워프로 나뉜다. 사람을 잘 따르고 호기심이 많다. 가정에서 번식시키기는 어렵다.

렉스

털 색깔과 무늬가 다양하다. 또 털이 부드럽고 윤기가 돌아 모피로 사용하는 경우가 많다. 호기심이 많고 겁이 없어서 사람을 잘 따른다. 다른 토끼 종보다 발바닥 털이 짧다. 따라서 발이 다치지 않도록 케이지에 건초를 깔아 주는 등 주의를 기울여야 한다.

더치

입과 코 부분이 하얗고 눈과 귀는 다른 색이어서 판다를 닮은 모습이다. 성격은 똑똑하고 온순하다. 암컷보다 수컷의 몸집이 더 크다.

믹스

우리나라에서 가장 많이 키우는 종류이다. 대부분 중형 토끼와 소형 토끼 사이에서 태어난 경우가 많다. 그래서 몸무게나 털 색깔, 성격 등이 모두 다르다.

라이언헤드

머리에 사자처럼 갈기가 길게 나 있다. 털이 풍성하고 주기마다 털갈이를 한다. 똑똑해서 배변 훈련이 가능하다. 사람을 잘 따르지만 고집이 세고 까칠한 면도 있다.

라이언헤드가 귀여운 것 같아. 아니야, 롭도 귀엽고……. 으악! 다들 너무 귀여워!

침부터 닦고 이야기하시지?

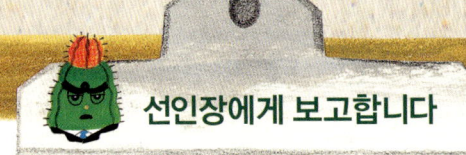

토끼를 키우게 된다면?

좋은 점
귀가 크고 꼬리는 조그마해 귀엽다.
얌전한 성격이라서 조용하다.
털을 만지면 부드럽고 따뜻하다.
몸에서 냄새가 나지 않는다.
적응을 하면 이름을 알아듣거나 함께 사는 가족을 알아보기도 한다.
함께 산책을 나갈 수 있다.

생각해 볼 점
매일 배설물을 치워 주고 먹이를 챙겨 주어야 한다.	관리 필요
배변 훈련이 필요하다.	훈련 필요
(주의! 자신의 배설물을 먹기도 함.)	
품종에 따라 털이 날릴 수 있어 빗질을 해 주어야 한다.	관리 필요
전선이나 물건을 갉아먹을 수 있다.	훈련 필요
영역 싸움을 할 수도 있다.	주의 필요

나의 결론

　전래 동화에 나온 토끼는 똑똑하고 재치 넘쳐 보였다. 토끼를 반려동물로 키운다면 과연 어떨지 너무 궁금하다.
　나는 동영상 사이트에서 '빙키'를 하는 토끼를 보았다. 토끼가 음악에 맞춰 공중으로 뛰어올라 발을 차고 머리를 흔들었다. 빙키란 토끼가 기분이 아주 좋을 때 하는 행동이라고 한다. 토끼는 정말 흥이 많은 동물인 것 같다.
　동시에 외로움도 많이 타는 듯하다. 사람에게 와서 기대거나 사람을 핥기도 한다니! 나도 외로움을 많이 타니까 함께 지내면 둘도 없는 친구가 될 것 같다.

포유류는 어떤 동물일까?

모든 동물은 태어나서 특정 시기가 되면 새끼를 낳고 나이가 들어 죽는 '한살이' 과정을 보낸다. 새끼를 낳는 방법은 동물마다 조금씩 다르다.

조류, 양서류, 파충류, 곤충류는 알을 낳고, 포유류는 사람과 마찬가지로 새끼를 낳는다.

고래도 포유류에 속한다. 땅에 사는 대부분의 포유류와 달리 고래는 바다에 산다. 고래도 다른 포유류처럼 새끼를 낳아서 젖을 먹여 키운다.

토끼의 임신 기간은 한 달 정도이며 한 번에 최대 일곱 마리까지 낳는다. 토끼도 고래와 마찬가지로 젖을 먹여 새끼를 키운다. 새끼는 그 기간 동안 살아가는 데 필요한 여러 가지를 어미에게 배운다.

새끼를 주머니에 넣고 키우는 동물들

어떤 포유류는 새끼주머니를 가지고 있다. 새끼를 낳으면 새끼주머니에 새끼를 넣고 키우는데 그 안에 젖이 달려 있기도 하다. 새끼주머니를 가지고 있는 동물에는 캥거루, 코알라, 주머니두더지 등이 있다.

캥거루는 주머니 안에서 7~10개월 동안 새끼를 키운다. 새끼는 그 안에서 젖을 먹으면서 자란다. 성장하여 주머니 밖으로 나온 후에도 위험이 닥치면 주머니로 몸을 숨기기도 한다.

캥거루의 새끼주머니가 배에 있는 것과 달리, 코알라의 새끼주머니는 항문 가까이에 달려 있다. 그래서 새끼 코알라는 어미가 먹고 소화시킨 유칼립투스 잎사귀를 받아먹기도 한다.

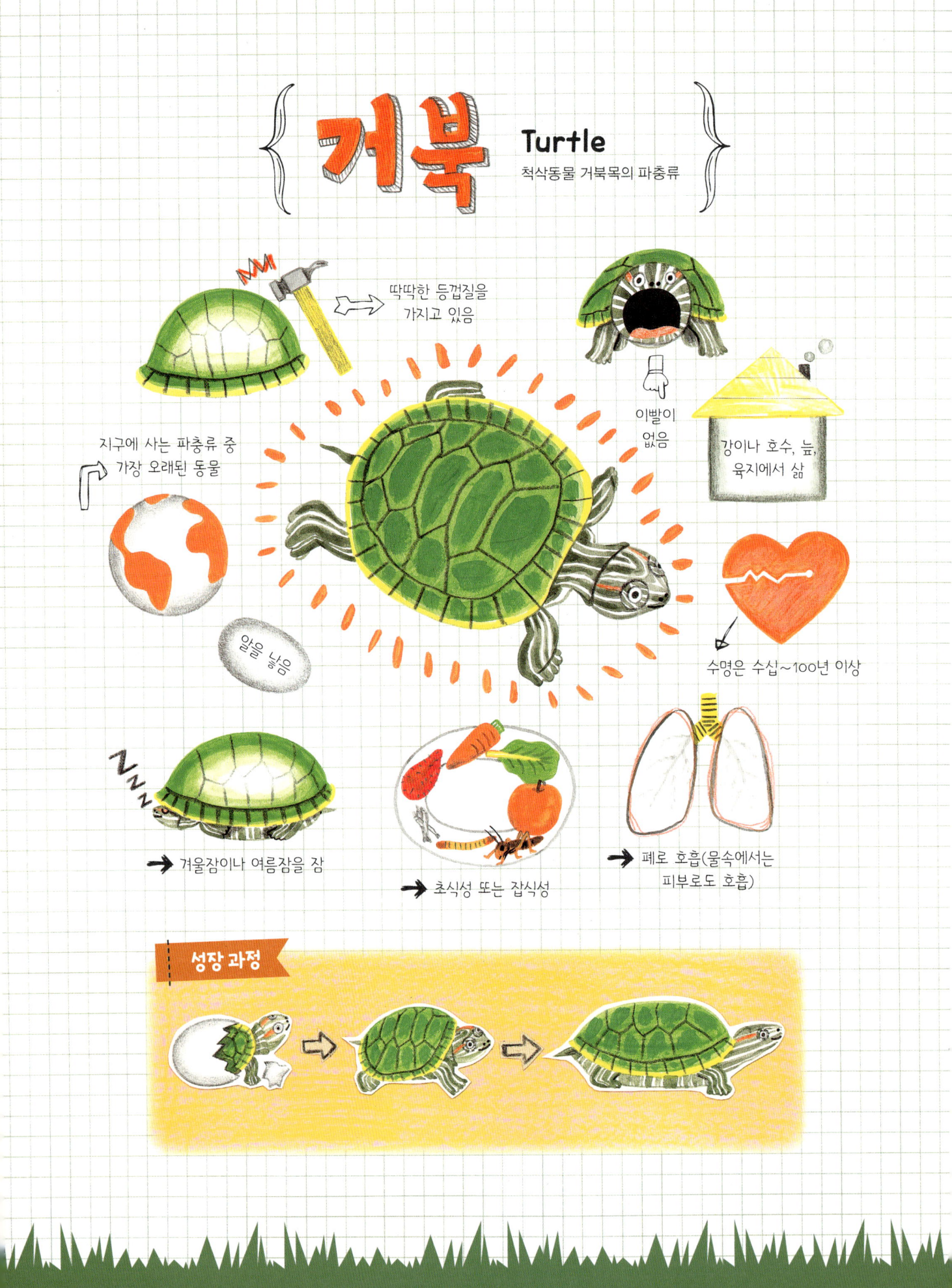

나보다 오래 사는 반려동물을 키우면 어떨까?

"거북을 키우다가 내가 먼저 죽으면 내 자식에게 유언을 남겨야 하나? 거북을 잘 부탁한다고?"

선인장은 내 말이 웃긴지 깔깔거리기 시작했다.

"선인장 중에도 백년초와 천년초가 있는 거 알아?"

백년초라면 백 년 동안 사는 식물이라는 뜻인가? 그렇다면 내 앞에 있는 이 선인장도 백 년이나 천 년을 사는 걸까? 설마 이미 백 살이 넘은 건 아니겠지?

"어때? 거북과 선인장은 여러모로 잘 맞는 짝꿍이지?"

선인장은 거북이 마음에 드는지 콧노래를 부르기 시작했다.

대부분의 거북은 딱딱한 등껍질과 배 껍질을 가지고 있다. 목은 여덟 개의 뼈로 되어 있어서 껍질 안팎으로 들어갔다 나올 수 있다.
다리는 짧고 바깥쪽으로 벌어져 있으며 원통 모양 발에는 발톱이 있다. (바다거북은 발톱이 없고 발에 물갈퀴가 있다.) 거북은 이빨이 없지만 부리 모양의 턱으로 먹이를 잘라 먹는다.
거북은 공격성이 없어 온순한 편이다. 하지만 붉은귀거북이나 늑대거북처럼 육식을 하는 품종은 사납다.

거북 하면 느릿느릿, 엉금엉금 기어가는 모습이 가장 먼저 떠오른다.

"바다거북은 시속 32킬로미터까지 헤엄칠 수 있대."

세상에! 올림픽에서 금메달을 딴 수영 선수보다 거북이 세 배나 빨라?

거북의 품종은 300가지가 넘는다. 그중 육지와 바다를 오가는 거북이 있고 육지에서만 사는 거북도 있다. 과연 어떤 품종을 길러야 할까?

거북은 지구에 사는 파충류 중에서 가장 오래된 동물 중 하나다. 평균 수명도 길다. (현재까지 가장 오래 산 거북은 세이셸 자이언트 거북인 조너선으로 2023년 기준 191세다.)

거북은 품종에 따라 식물이나 벌레, 물고기 등을 먹고 산다. (아! 선인장을 먹기도 한다.)

거북은 땅 위에 알을 낳는다. 보통은 10~30개를 낳지만 바다거북은 최대 200개까지 낳을 수 있다.

"뭐라고? 거북이 선인장도 먹는다고?"

선인장의 얼굴이 하얗게 질렸다.

"백년초와 거북의 백 년 우정은 이제 끝이네?"

나는 선인장을 마구 놀리면서 당장 내일 거북을 데려오고 싶다고 했다.

"내일 당장? 이렇게 쉽게 반려동물을 결정할 거야?"

선인장이 진지한 표정으로 나에게 따졌다.

거북을 키울 때 필요한 용품들 *공통

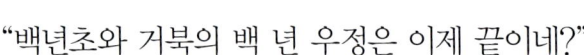

| 수조(어항) | 은신처 | 먹이 그릇 | 물그릇 | 사료 | 온도계 | UVB 램프 |

 거북은 겁이 많다. 그래서 함부로 만지면 스트레스를 받는다.

거북은 일광욕을 좋아한다. 햇빛을 쬐면 몸의 온도가 올라가면서 등껍질이 단단해지고 몸속에 비타민이 생긴다. (UVB 램프를 켜 주는 것도 좋으나 가끔 자연광을 쬐도록 해 주자.)

야생 거북은 다른 파충류와 마찬가지로 겨울잠 혹은 여름잠을 잔다. 하지만 반려동물로 키울 때는 항상 온도와 습도를 적당히 맞춰 주어 거북이 겨울잠이나 여름잠에 들지 않게 해야 한다.

일부 거북은 피부나 등껍질 허물을 벗으며 자란다.

거북은 품종에 따라 등껍질의 생김새가 다르다. 맨들맨들 검은 등껍질, 노란 점 박힌 화려한 등껍질 등등. 하지만 거북은 평생 자신의 등껍질이 얼마나 아름다운지 모르고 살겠지?

"그래서 거북을 반려동물로 입양할 생각이야?"

나를 바라보는 선인장의 눈빛이 흔들렸다.

"글쎄? 거북은 오래 사는 동물이니까…… 나도 오래 고민해 볼래!"

"맞아! 그게 바로 반려동물을 사랑하는 어린이의 모습이지!"

선인장의 모습에 웃음이 픗 나왔다. 저럴 땐 너무 귀엽다. 헉, 내가 지금 무슨 생각을 한 거지? 선인장이 귀엽다니!

> 물에만 사는 거북

바닥재(⇨모래)   여과기   히터

> 땅에만 사는 거북

바닥재(⇨모래, 건초, 배딩)

 선인장에게 보고합니다

거북을 키우게 된다면?

좋은 점
아주 조용하다. 말을 걸어도 쳐다보기만 한다.
먹이를 달라고 다가오기도 한다.
엉금엉금 기어 다니는 모습이 귀엽다.
딱딱한 등껍질에 무늬가 있어서 신기하다.
오래 사는 만큼 몸도 튼튼한 편이다.
나보다 나이가 많은 거북은 고민 상담을 잘해 줄 것 같다.

생각해 볼 점
어쩌면 나보다 더 오래 살 수도 있다.   주의 필요
몸이 뒤집히면 스스로 일어나지 못한다.   관리 필요
(이럴 땐 꼭 도와주어야 한다.)
거북을 만지고 나면 손을 씻는 것이 좋다.   주의 필요
어항 밖에 풀어 두고 한눈을 팔면 잃어버릴 수 있다.   주의 필요
크기가 50센티미터 이상으로 커지는 품종도 있으니   공부 필수
키우기 전에 미리 알아보아야 한다.

나의 결론
    거북은 인내심이 많고 얌전할 것 같다. 거북이 소리를 내지 않는 동물이라서 그런가? 표정이 근엄해서? 하지만 의외로 활발할 수도 있다. 반려동물도 사람처럼 각자 성격이 다르니까 말이다.
    만약 거북을 기르게 된다면 매일 일광욕을 시켜 줄 거다. (비 오는 날은 빼고!) 그리고 등껍질이 튼튼한지, 눈이 맑은지 살펴볼 거다.
    시간이 흘러 내가 할아버지가 되었을 때 곁에 가족이 없다면 엄청 슬프겠지? 그럴 때 반려동물 거북이 있다면 얼마나 든든할까? 거북을 키운다면 거북이 내 곁에서 오래 살아 주면 좋겠다.

거북의 조상, 에우노토사우루스

거북의 등껍질은 피부가 딱딱하게 변한 것이 아니다. 갈비뼈가 변한 것이다. 갈비뼈가 서로 연결되면서 등껍질로 변했다. 거북은 등과 배가 모두 딱딱한 껍질로 덮여 있어서 폐로 숨을 쉬긴 하지만 폐를 크게 부풀리긴 어렵다. 거북이 이렇게 진화한 이유는 거북의 조상을 찾아보면 알 수 있다.

거북의 조상은 에우노토사우루스로 알려져 있다. 에우노토사우루스는 약 2억 6,000만 년 전 고생대 말기에 살았다. 에우노토사우루스 화석에서는 딱딱한 등껍질이 발견되지 않았다. 하지만 갈비뼈는 크게 벌어져 있었다. 모양은 편평하고 둥그랬다. 에우노토사우루스의 갈비뼈 모양이 현재 거북의 특징으로 이어진다.

에우노토사우루스는 주로 땅속에서 살았다. 앞발로 땅을 잘 파기 위해 어깨와 등이 발달했고 이때 갈비뼈도 같이 발달했다고 추측한다.

훗날 이 갈비뼈는 더 단단한 등껍질이 되어 적으로부터 거북을 보호하는 아주 중요한 역할을 한다.

△ 에우노토사우루스

개를 떠올리니 나도 모르게 웃음이 나왔다. 개와 노는 상상은 누구에게나 행복한 일 아닐까?

　나는 어릴 적에 엄마 아빠가 회사에서 돌아올 때가 되면 항상 현관 앞에 미리 앉아 있었다. 엄마는 그때마다 "아이고, 우리 강아지." 하고 뽀뽀를 해 주곤 했다.

 개는 네 발로 걷는다. 온몸이 털로 덮여 있고 (없기도 하며) 생김새가 다양하다.

　사람을 보고 반가우면 사정없이 꼬리를 친다. 꼬리는 개의 감정 상태를 보여 준다. 겁이 나면 꼬리를 말아 뒷다리 사이에 숨기기도 한다. "멍멍!" 짖는 소리도 다양한 감정을 나타낸다. 개는 즐거울 때도 짖고 화가 나거나 무서울 때도 짖는다. 소리는 각각 조금씩 달라서 주의를 기울이면 개의 상태를 알 수 있다.

"집에 강아지가 생기면 어떨까? 학교에서 돌아왔을 때 현관에서 꼬리 치며 반겨 주겠지?"

"하나만 알고 둘은 모르네. 너 학교에서 가장 빨리 오면 몇 시야?"

"빠르면 두 시지. 6교시까지 있는 날은 세 시에 집에 오고."

선인장은 "학원에 가는 날은 더 늦게 오잖아." 하고 툴툴댔다. 내 하루 일정을 쫙 꿰고 있다니. 내가 집에 오기만을 기다렸던 걸까?

"개는 외로움을 많이 타. 충성심이 높아 주인만 아는 동물이라고. 혼자 오래 두면 안 돼."

 개는 후각이 발달했다. 그래서 어딜 가든 코를 킁킁대며 새로운 냄새를 채집한다. 양말이나 다른 동물이 남긴 배설물에서 나는 고약한 냄새도 끈질기게 맡고 기억한다.

청각도 뛰어나다. 사람보다 약 네 배 정도 잘 듣는다. 반면 시력은 좋지 않은 편이다. 하지만 어두운 곳에서 움직이는 물체는 잘 볼 수 있다.

"혼자서도 잘 놀 수 있게 훈련하면 되지 않을까? 앉아, 엎드려, 기다려 같은 명령도 알아듣고 정해진 곳에서만 배변도 할 수 있댔어."

"그런 훈련은 엄청난 인내심을 가지고 해야 하는 거야. 처음부터 뚝딱되지 않아."

오늘따라 선인장이 더 엄격하다. 흥.

선인장이 놓여 있던 곳에 어느새 커튼 그림자가 졌다. 나는 선인장을 데리고 오후의 햇살이 쏟아지는 거실로 나왔다. 그러고는 거실에 엎드려 선인장에게 하던 이야기를 계속했다.

 개는 사람이 길들인 가장 오래된 동물이다. 빙하 시대 말기부터 개는 사람의 집을 지키고 사람과 함께 사냥을 나갔다. 요즘에는 시각 장애인을 돕거나 군인, 경찰과 함께 일하기도 한다.

개의 조상은 늑대나 이리 사이에서 나왔을 것이라 추측한다.

개의 품종은 약 400여 가지가 넘는다. 우리나라 토종개에는 진돗개와 풍산개, 제주개 등이 있다.

"개는 주인의 성격을 닮는대. 네가 데려온 개는 엄청 시끄럽겠다."

내가 시끄럽다고? 정말 웃기지도 않는다. 내가 얼마나 조용한 사람인데!

"어휴, 잠잘 때 얼마나 코를 고는지! 내가 너 때문에 잠을 못 잔다고."

나는 어이가 없어서 말이 안 나왔다. 내가 코를 골다니? 말도 안 돼!

두고 봐라. 반려동물만 오면 선인장은 찬밥 신세가 될 거다. 그때까지만 사이좋게 지내는 척할 거다. 진짜다!

개를 키울 때 필요한 용품들

반려동물 개의 종류를 알아보자!

국제 애견 연맹(KCI)에서는 총 344종의 개를 인정한다. 우리나라의 진돗개도 그중 하나다. 개는 오랫동안 반려동물로 사랑받아 왔다. 각 나라의 문화나 생활 환경에 따라 반려견의 종류가 조금씩 다르다. 우리나라에서는 실내에서 키울 수 있는 소형견이 요즘 인기를 끌고 있다. 그중 어린이가 실내에서 함께 지내기 좋은 개의 종류와 특징을 살펴보자.

포메라니안
이중으로 된 털이 부풀어 올라서 공처럼 동그랗다. 털이 길면 잘 빠지기 때문에 매일 손질해 주어야 한다. 주인의 말을 잘 알아듣고 집을 잘 지킨다. 활기차고 흥분을 잘 한다.

치와와
몸집이 작다. 털의 길이에 따라 단모종과 장모종으로 나뉜다. 눈이 크고 장난기가 많으며 움직임이 빠르다. 작은 몸집에 비해 용감하다. 질투심도 많다.

몰티즈
하얗고 부드러운 털을 자주 빗겨 주어야 한다. 대신 털이 많이 빠지지 않는다. 몸집이 작고 활기차며 애교가 많다. 사람의 말을 잘 알아듣고 똑똑한 편이다.

닥스훈트
예전에 오소리를 사냥하던 개로 허리가 길고 다리가 짧다. 힘이 넘치며 냄새를 잘 맡는다. 겁이 없고 호기심이 많으며 주인을 잘 따른다. 운동을 자주 시켜 주어야 하며 수시로 짖는다.

비글

예전에 토끼 사냥을 했던 만큼 민첩하고 몸도 근육질이다. 그만큼 매일 산책이나 운동을 시켜 주어야 한다. 호기심이 많고 장난꾸러기다. 아이들과 잘 지낸다.

시추

사자처럼 머리털이 길게 자라고 코가 납작해서 귀엽다. 사람에게 다정하고 똑똑하다. 자주 짖지 않아 조용한 편이다. 아이들과도 잘 지내지만 고집을 부리기도 한다.

푸들

털이 곱슬거리고 잘 빠지지 않는다. 하지만 털이 뭉치지 않게 매일 빗질해 주어야 한다. 애교가 많고 똑똑해서 어떤 훈련도 잘 받는다.

 같은 종이라도 개마다 성격이 다르니 참고만 할 것!

개를 키우게 된다면?

좋은 점
함께 사는 사람은 개와 교감을 나눌 수 있다.
잠을 같이 잘 수 있다.
같이 산책을 가거나 여행에 데려갈 수 있다.
10년 넘게 함께 살 수 있다.
집을 지켜 주어서 혼자 있을 때 무섭지 않다.

생각해 볼 점
훈련을 받지 않으면 아무 곳에나 배변할 수도 있다.　　훈련 필요
혼자 오래 두면 외로움을 느낀다.　　주의 필요
자주 짖으면 이웃에게 피해를 줄 수 있다.　　훈련 필요
이빨이 나기 시작할 때는 집 안 물건을 물어뜯을 수 있다.　　주의 필요
견종에 따라서 털이 많이 빠지기도 한다.　　관리 필요

나의 결론
　개는 사랑스러운 동물이다. (물론 모든 동물은 다 사랑스럽다.) 개와 다른 동물에게 함부로 하는 사람은 분명 마음이 따뜻하지 않은 사람일 것이다.
　엄마는 유기견 입양도 추천해 주었다. 유기견이란 불쌍하게도 버려진 개를 뜻한다. 서로 적응하는 데 시간이 걸리겠지만 멋진 일 같다.
　만약 개를 키우게 된다면 밥도 챙겨 주고 산책도 시켜 주고 필요한 모든 일을 열심히 할 거다. 하지만 엄마 아빠의 도움도 필요할 것 같다. 매달 사료도 사야 하고 동물 병원에 가게 되면 돈이 많이 들 수도 있기 때문이다.
　개를 건강하게 키우는 가장 좋은 방법은 산책이라고 들었다. 하루에 한 번 개와 공원을 걷다 보면 나도 튼튼해질지 모른다.

개의 몸에는 왜 털이 났을까?

대부분의 포유류는 몸에 털이 나 있다. 마찬가지로 사람의 몸에도 곳곳에 털이 있다.

털은 몸의 온도를 조절해 주는 역할을 한다. 특히 추운 겨울에는 몸의 열이 밖으로 나가지 않도록 막아 준다. 개를 포함한 많은 포유류가 털 덕분에 일정한 체온을 유지한다.

산책하는 개에게 목줄이나 입마개가 필요한 이유

개는 하루에 한 번은 산책을 시켜 주는 것이 좋다. 산책을 할 때는 개가 집 주변의 냄새를 충분히 맡을 수 있도록 해 주어야 한다. 냄새를 맡는 행동은 개가 세상을 알아 가는 방법이기 때문이다. 또한 개는 길을 잃어버렸을 때 자신이 아는 냄새를 따라 집으로 돌아오기도 한다.

산책을 나갈 때는 만약을 대비해서 개에게 목줄이나 가슴줄을 꼭 해 주어야 한다. 개를 잃어버리거나 나의 개가 다른 개나 모르는 사람에게 갑자기 달려드는 일을 방지하기 위해서다.

몸집이 큰 개의 경우, 그 모습이나 짖는 소리 때문에 다른 사람에게 공포심을 줄 수도 있다. 따라서 개에게 입마개를 착용시켜 혹시 모를 상황에 대비하는 것이 좋다.

동물 보호법 제16조 제2항에 따라 동물과 외출할 때는 사고 예방을 위해 목줄을 착용해야 한다. 특히 맹견의 경우는 입마개도 해야 한다. 만약 이를 어겨 사람이 다치게 되면 2년 이하의 징역 또는 2,000만 원 이하의 벌금을 내야 한다.

"만약 선인장 너처럼 사람의 말을 하는 동물이 있으면 어떨까?"
"흥, 그런 동물은 이 세상에 없을걸? 앵무새라면 모를까."
그 순간 나는 무릎을 탁 쳤다. 그래, 앵무새가 있었지!

 앵무새는 300종이 훨씬 넘는다. 대부분이 아래로 굽어 있는 크고 딱딱한 부리를 가지고 있어서, 나무 위를 오르거나 씨앗을 쪼개는 데 능숙하다. 부리 위쪽을 덮고 있는 말랑말랑한 부분인 '납막'에는 아주 작은 콧구멍 두 개가 있다.
깃털은 아래로 길게 늘어져 있고 색깔이 화려하다. 정수리에는 장식처럼 깃털이 달려 있다. (잉꼬와 헷갈릴 때는 장식깃이 있는지 보면 된다.)
앵무새는 소리에 민감하다. 얼굴 양옆에 귓구멍이 있지만 털로 가려져서 찾기 어렵다.

빨갛고 노랗고 파란 앵무새 사진을 보다가 감탄했다. 앵무새는 내가 아는 모든 색을 담고 있었다. 날아다니는 팔레트 같다.
"매일 아침 앵무새가 노래를 불러 준다면 일찍 일어날 수 있을 텐데……."
내 말에 선인장이 기가 막힌다는 듯 나를 쳐다보았다.
"노랫소리를 듣고 일어난다고? 내가 생각하기엔 엄청 시끄러운 노래를 틀어 놔도 쿨쿨 잘 것 같은데?"
쳇, 무슨 말을 못 하겠다. 선인장은 나에 대해 아는 것이 너무 많아서 문제다.

 앵무새는 무리 생활을 한다. 그래서 같은 품종으로 짝을 지어 주는 것이 좋다.

야생에서 암컷 앵무새는 화려한 색을 가진 수컷에게 끌린다. 만약 짝을 이룬 앵무새 중 한 마리가 죽으면 다른 한 마리는 밥을 먹지 않거나 스스로 목숨을 끊기도 한다.

내가 앵무새를 키우고 싶다고 하니까 엄마는 새가 새장에만 갇혀 있는 게 불쌍하다고 했다.

"그러면 가끔 거실에 풀어 주면 안 돼?"

"흠, 그건 좀 생각해 봐야겠는데?"

엄마 표정이 복잡했다. 아마도 앵무새가 집 안을 날아다니면서 거실을 어지를까 걱정하는 게 아닐까?

나는 방으로 와서 앵무새에 대해 더 알아보았다.

"이것 봐. 앵무새도 훈련을 시키면 정해진 곳에 배변을 한대."

"그래? 앵무새는 다른 새보다 똑똑하네?"

선인장도 앵무새가 자기 머리 위를 날아다니며 새똥 공격을 퍼부을까 봐 걱정했나 보다. 앵무새를 키우면 선인장 위에 똥을 싸라고 훈련시켜야겠다. 우하하!

 보통 새는 혀가 길어서 혀를 잘 움직이지 못한다. 하지만 앵무새는 혀가 두껍고 유연해 사람의 말을 흉내 낼 수 있다. (심지어 초인종 소리나 개 짖는 소리도 따라 한다.) 앵무새는 사람과 말을 주고받으며 교감하는 일을 즐거워한다.

앵무새는 혼자 오래 있거나 주변이 불안하면 스스로 털을 뽑는 등 자해를 한다. 그래서 항상 관심을 주고 지켜볼 필요가 있다. 또한 고양이 등 다른 반려동물이 앵무새를 해치지 않도록 신경 써야 한다.

"앵무새가 네가 하는 말을 따라 하면 좋을까?"

선인장의 물음에는 '과연 좋은 점만 있을까?'라는 느낌이 묻어 있었다.

그러고 보니 친구와 전화로 비밀 이야기를 할 때는 어떡하지? 앵무새가 같은 방에 있다는 사실을 까맣게 잊고, 한참 이야기를 한 후 전화를 끊었다고 하자. 앵무새가 내가 했던 말을 똑같이 따라 하며 온 집을 날아다니면? 으악! 그건 정말 상상만 해도 머리가 아프다.

앵무새를 키울 때 필요한 용품들

앵무새를 키우게 된다면?

좋은 점
색깔이 다양하고 화려해서 멋지다.
사람의 말이나 목소리를 따라 할 줄 안다.
함께 사는 사람을 따르고 애정을 표현한다.
몸에서 냄새가 많이 나지 않는다.
대부분 새장 안에서 생활해서 집을 어지르지 않는다.

생각해 볼 점
혼자 오래 두면 스트레스를 받아 스스로 깃털을 뽑을 수 있다.   관리 필요
앵무새가 놀라지 않도록 조심해야 한다.   주의 필요
(갑자기 새를 만지거나 큰 소리 치는 것은 금물!)
털갈이 시기에 예민해지고 면역력도 약해진다.   관리 필요
매일 모이와 물을 챙겨 주어야 한다.   관리 필요

나의 결론
  쉿, 비밀이 많은 사람은 앵무새를 기르지 말 것! 오랫동안 말동무가 되어 줄 친구를 찾는다면 앵무새를 기를 것!
  앵무새를 키우려고 새장을 알아보니 생각했던 것보다 훨씬 컸다. 횃대도 있고 공간도 여러 개로 나뉘어 있어서 앵무새가 여기저기 옮겨 다니며 쉴 수 있었다. 나도 내 방이 하나가 아니라 잠자는 방, 게임하는 방, 수영하는 방, 과자 먹는 방 등 여러 개면 정말 좋을 텐데!
  만약 앵무새를 키우게 된다면 나는 내 방에서 앵무새와 둘이 살 거다. 내가 학교 간 사이에 외로워할 수 있으니 앵무새를 위해 라디오를 틀어 주고 가야겠다! 가끔 새장을 들고 산책을 나가기도 할 거다. 여기서 잠깐! 험한 욕을 하는 사람들 쪽으로는 앵무새를 데리고 가면 절대 안 된다. (무슨 뜻인지 알겠지?)

하늘을 나는 동물 찾아보기

하늘을 주 무대로 살아가는 동물은 날개를 가지고 있다. 까치나 참새, 황조롱이, 매, 앵무새 같은 새들은 온몸이 깃털로 덮여 있고 부리가 있으며 다리가 두 개다.

새들은 하늘을 날기 위해 뼈 속이 비어 있어서 몸이 가볍다. 또한 날개를 펼쳐 움직일 수 있도록 가슴 근육이 발달해 있다. 스스로 몸의 균형도 잘 맞춘다. 새의 몸은 앞이 둥글고 뒤는 뾰족한 모양이어서 바람의 저항을 덜 받는다. 또한 시력이 뛰어나 비행을 할 때 나무나 건물에 부딪히지 않는다.

새는 아니지만 하늘을 나는 동물도 있다. 하늘다람쥐는 네 다리에 날개막이 달려 있어서 날 수 있다. 또한 균형을 잘 잡을 수 있도록 긴 꼬리가 달려 있다. 하지만 새처럼 먼 거리를 자유롭게 날아다니진 못한다.

　재미있는 생각이 들었다. 선인장의 고향은 사막이다. 그런 선인장 옆에 열대어가 사는 어항이 있다면 그것이 바로 '사막의 오아시스' 아닐까?

열대어의 몸은 앞이 둥글고 뒤는 뾰족한 유선형이다. 그래서 헤엄을 칠 때 물의 저항을 덜 받는다.
열대어는 물속 산소로 숨을 쉬기 위해 규칙적으로 입을 뻐끔거린다. 숨을 쉬고 남은 물은 아가미로 내보낸다.
열대어는 시력이 좋은 편이다. 신기한 점은 눈꺼풀이 없어서 눈을 뜬 채 잔다는 사실이다. (죽어서도 눈을 감지 못한다.)
몸속에는 단단한 뼈가 있고 겉은 비늘로 덮여 있다. 비늘은 몸을 보호하는 피부 역할을 한다.

　가끔 수족관을 지날 때 수초가 우거진 어항을 본 적이 있다. 어항 안에서 알록달록한 열대어들이 푸른 수초 사이를 자유롭게 헤엄치고 있었다.
　"나는 어항을 보면 기분이 좋아져. 열대어들이 행복해 보이니까 덩달아 나도 행복해지는 것 같아."
　"그래? 어항이 생기면 나도 행복해질까?"
　내 말에 선인장은 점점 열대어에 관심을 갖기 시작했다.
　"당연하지! 사막의 오아시스 같을걸?"
　"'사막의 오아시스'라는 말은 또 어디서 들었대?"

머리 뒤부터 꼬리까지 길게 이어진 선을 옆줄이라고 한다. 옆줄에 위치한 비늘마다 구멍이 뚫려 있다. 열대어는 옆줄로 물의 흐름이나 진동을 느낀다. 따라서 다른 물고기의 움직임을 미리 알아채고 피할 수 있다.

부레는 열대어 몸 안에 있는 공기주머니를 말한다. 부레는 열대어가 평형 감각을 유지하며 기울어지지 않도록 돕는다. 이외에도 열대어가 물 속 깊이 들어가거나 위로 올라올 때 부레 안의 가스를 조절해 빨리 움직일 수 있게 한다. 가슴, 등, 꼬리, 배 등에 달려 있는 지느러미도 부레와 같은 역할을 한다.

"웃긴 이야기해 줄까? 열대어는 똥을 싸고 그 똥이 있는 물에서 산대."

나는 내가 말하고도 너무 웃겨서 배꼽을 잡았다. 그러자 선인장은 나를 한심하게 보며 "나는 별로 안 웃긴데? 열대어에 대해 이야기나 더 해 봐." 라고 했다. 쳇, 잘났다!

구피나 플래티 같은 열대어는 알이 아니라 새끼를 낳는다. 어미가 새끼를 잡아먹을 수 있다. 따라서 새끼를 가진 어미를 부화통에 넣고, 새끼를 낳자마자 어미를 부화통에서 다시 꺼내 새끼와 분리해 주는 것이 좋다. 혹은 수초가 우거진 곳에서 새끼가 숨어 자라게 해야 한다.

베타는 한 어항에 한 마리만 키워야 한다. 다른 물고기와 함께 있으면 하루도 빼놓지 않고 싸우기 때문이다. 베타의 공격성을 보려면 거울을 대 보면 된다. 베타는 거울에 비친 자기 모습을 다른 물고기로 착각하고 지느러미를 활짝 펼쳐 공격 자세를 취한다.

테트라나 램프아이는 여러 마리가 함께 몰려다니며 헤엄치길 좋아한다.

"해수어는 바닷물에서 사는 물고기니까 물에 소금을 넣어야 하나?"

"그럴걸? 해수어에게 맞는 염도로 맞춰 주어야지."

어느새 선인장과 나는 귀여운 해수어 '니모'의 사진에 푹 빠졌다. 알고 보니 애니메이션 주인공인 니모의 정체는 흰동가리!

"해수어 어항에서는 산호나 말미잘도 기를 수 있대!"

"선인장도 잘 기르지 못하면서 무슨 산호 타령이야? 그리고 수초는 뭐 심으면 저절로 크는 줄 알아? 그것도 살아 있는 식물이라고."

그러고 보니 어항에서는 열대어만 사는 게 아니다. 열대어, 수초, 새우 그리고 물을 정화해 주는 여과 박테리아까지! 물속 생태계가 온전히 어항 안에 있었다. 생태계라니! 갑자기 열대어를 키우는 일이 엄청나게 멋지고 대단한 일처럼 느껴졌다.

"일단 보고서를 써서 보여 줘 봐. 열대어를 키울지 말지는 보고서를 보고 결정하겠어."

"좋았어. 지금 당장 쓰러 간다!"

나는 선인장의 마음이 변하기 전에 얼른 책상 앞에 앉았다.

열대어를 키울 때 필요한 용품들 (담수어 기준)

    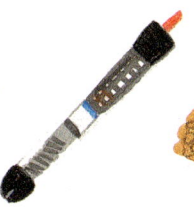 

어항: 어항의 크기에 맞게 열대어를 적당히 넣어야 한다.

여과기: 어항의 물을 깨끗하게 정화해 주는 기계이다.

산소 공급기: 여과기와 연결하기도 한다. 물속 산소 농도를 높여서 열대어가 숨 쉴 수 있게 도와준다.

온도계: 어항 안 물의 온도를 확인한다.

히터: 열대어에게 적당한 25도로 온도를 유지해 준다.

사료: 열대어 먹이로 하루에 한두 번 준다.

열대어를 키우게 된다면?

좋은 점
열대어가 헤엄치는 모습이 신비롭다.
열대어의 색깔과 지느러미 모양이 다양하다.
수초나 새우 등도 함께 기를 수 있다.
내 방을 어지르거나 시끄럽게 굴지 않는다.
방 안에 어항이 있으면 건조하지 않다.
인테리어 효과가 있어 내 방이 멋져 보인다.

생각해 볼 점
항상 물을 깨끗하게 유지해야 한다.   관리 필요
정전이 되거나 오래 여행을 가게 되면 곤란하다.   주의 필요
만질 수 없어 멀리서 지켜봐야 한다.   주의 필요
갑자기 새끼를 많이 낳을 수도 있다.   관리 필요
병원이 따로 없어서 아프면 약을 넣어 주는 것이 전부다.   관리 필요

나의 결론
    2학년 때 교실에서 금붕어를 기른 적이 있다. 꼬리를 좌우로 흔들며 헤엄치는 모습이 참 귀여웠다. 열대어는 크기도 훨씬 작고 색깔도 다양하니 얼마나 더 귀여울까?
    아빠는 어항을 놓으면 매일 청소해야 하는 것 아니냐고 걱정했다. 아까 수족관에 가서 주인 아저씨와 한참 이야기를 나누었는데, 걱정할 정도는 아니란다. (물론 증발한 만큼 다시 물을 부어 주어야 하고 한두 달에 한 번 어항을 닦아 주어야 한다!)
    열대어는 나와 전혀 다른 세상에 사는 것 같아 신기하다. 나는 물 밖에서 공기를 마시고 물고기는 물속에서 공기를 마시니까.
    해수어는 좀 어려울 것 같고 기르기 쉬운 구피나 플래티를 길러 보는 건 어떨까? 아니면, 고독한 싸움꾼 베타도 멋있을 것 같고······.

물에 사는 동물 찾아보기

많은 동물이 물속에 살거나 물 근처에 산다. 우리나라의 강이나 호수에는 메기나 미꾸리, 붕어, 피라미, 납자루 등 다양한 물고기와 다슬기 같은 조개류가 살고 있다. 동시에 물고기와 조개류를 잡아먹고 사는 개구리와 수달, 왜가리 같은 동물도 있다.

그렇다면 바다에는 어떤 동물이 살고 있을까? 우리가 흔히 아는 상어나 고등어, 오징어, 가오리, 전복 등 다양한 동물이 바다를 터전으로 잡고 있다.

하루에 두 번, 바닷물이 빠져나가는 썰물 때에는 갯벌이 드러난다. 갯벌에는 조개나 게, 망둑어, 갯지렁이 등이 살고 있다. 그리고 이것들을 먹고 사는 도요새가 갯벌 주변에서 날아오기도 한다.

사람은 물고기에서 진화했다?

지금으로부터 4억 3,000만 년 전, 우리가 현재 알고 있는 포유류는 이 세상에 없었다. 물속에는 물고기가, 물 밖에는 식물들과 효모, 곰팡이, 버섯, 곤충이 있었을 뿐이다.

시간이 지나 몸 안에 딱딱한 뼈가 있는 물고기(경골어류)들이 물 밖으로 나와서 살기 시작했다. 이후 몸에 발이 달리면서 물 밖 물고기들은 양서류나 파충류로 진화했다.

진화론에 따르면 양서류나 파충류는 다시 포유류로 진화했다. 포유류에는 코끼리나 늑대, 사자, 고래, 원숭이가 속한다. 유명한 생물학자 찰스 다윈은 사람이 원숭이에서 진화했다고 주장했다. 다윈의 주장에 따라 생각해 보면 결국 사람은 물 밖에 나온 물고기로부터 진화한 동물이다.

반려가족 후보를 소개합니다! ①

보고서 1

이상 보고를 마칩니다!

〈끝〉

아직 결정할 수 없어. 더 보고하도록!

드디어 선인장이 마음에 꼭 들어 할 만한 반려동물을 찾았다!
"이것 좀 봐. 만약 너한테 네 발이 달린다면 딱 이런 모습일걸?"
"진짜 나랑 꼭 닮았네?"
선인장이 고슴도치 사진을 보더니 깔깔 웃었다. 가시가 떨리도록 웃다니! 드디어 내 마음에도 들고 선인장 마음에도 쏙 드는 반려동생을 찾은 것 같다. 역시 나는 천재다.

고슴도치는 통통하고 꼬리가 짧다. 네 다리에는 발톱이 있어서 땅을 파기에 좋다.

고슴도치 새끼는 태어나서 3일 정도가 지나면 피부에 가시가 나기 시작한다. 그리고 태어난 지 5주에서 6개월 사이에 처음에 났던 가시가 빠지고 새로운 가시가 나는 가시갈이를 한다. (다 자란 후에 가시갈이를 하기도 한다.)

고슴도치는 천적을 만나면 몸을 공처럼 웅크리고 가시를 세워서 스스로를 보호한다. 높은 곳에서 떨어질 때도 가시가 있어서 다치지 않는다.

고슴도치의 품종에 따라 가시의 색과 무늬가 다르다.

만약 고슴도치를 키우면 고슴도치가 내게도 가시를 세울까 궁금했다. 처음엔 세울지 몰라! 그래도 친해지면 세우지 않겠지? (고슴도치를 처음 만질 때는 다칠 수 있으니 장갑을 껴야 한다.)
"우리 선인장들도 옛날에는 부드러운 잎사귀가 있었어. 그런데 사막에서 살다 보니 물을 아껴 먹으려고 잎이 딱딱한 가시로 변한 거야."

선인장에게 가시가 없던 시절이 있었다니. 나는 가시가 없는 매끈하고 부드러운 선인장을 상상해 보았다. 그때는 지금처럼 따끔따끔하게 쏘아붙이지 않고 상냥히 말했으려나?

 고슴도치는 쓰러진 나무 틈이나 바위 아래에 집을 짓고 혼자 생활하는 것을 좋아한다.
고슴도치는 야행성 동물이다. 또한 동물과 식물을 가리지 않고 먹는 잡식성이어서 곤충, 도토리, 달팽이, 도마뱀, 새알, 쥐 등 먹이가 다양하다. 잡식 동물인 고슴도치는 생태계 균형을 잡아 주는 역할을 한다.
야생에서 사는 고슴도치는 10월에서 4월까지 겨울잠을 잔다. 겨울잠을 자는 동안 체온이 내려가고 심장 박동도 줄어든다.

"나도 가끔은 겨울잠을 자고 싶어. 그럼 방학 숙제도 안 해도 되고 잠에서 깨어나면 키도 두 배로 커져 있지 않을까?"

"너 고슴도치가 왜 겨울잠을 자는지 알아?"

쳇, 선인장은 사실 확인을 좋아한다. 나는 투덜대면서도 인터넷으로 그 이유를 찾아보았다. 고슴도치는 추운 겨울에 먹이를 구하기 어렵고 체온을 조절할 수 없어서 겨울잠을 잔다고 한다.

"고슴도치처럼 겨울잠을 자는 동물들은 가을에 미리 먹이를 많이 먹어 두어서 오래 잠을 잘 수 있는 거래."

반면 반려동물로 키우는 고슴도치는 겨울잠을 자면 위험하다. 먹이를 미리 먹어 두지

앓아서 굶어 죽을 수 있기 때문이다. 만약 내 고슴도치가 겨울잠에 빠지려고 하면 얼른 깨워야겠다. 무엇보다 겨울잠에 들지 않도록 따뜻하게 해 주는 일이 가장 중요하다.

 고슴도치라는 이름은 '가시가 돋친 동물'이라는 뜻이다. 우리나라에서는 제주도를 제외한 대부분의 지역에서 고슴도치를 찾아볼 수 있다.
고슴도치는 시력이 좋지 않다. 대신 뛰어난 청각과 후각으로 먹이를 찾는다.
고슴도치는 새로운 사람이나 물건을 접하면 입안에서 거품을 내 자신의 가시에 바른다. 이것은 새로운 냄새를 오래 기억하기 위한 행동이다.

내가 너무 오래 이야기했나? 선인장이 꾸벅꾸벅 졸고 있었다. 나는 창문 커튼을 내리고 가만히 선인장을 바라보았다. 그러다 보니 나도 하품이 났다. 나와 선인장은 겨울잠이 아닌 토막 잠에 들어 버렸다.

고슴도치를 키울 때 필요한 용품들

하우스 · 먹이 그릇 · 물그릇 · 고슴도치 사료 · 은신처
바닥재(혹은 패드) · 쳇바퀴 · 샴푸 · 영양제와 밀웜 · 화장실(혹은 배변판)

고슴도치를 키우게 된다면?

좋은 점
함께 사는 가족과 가까워지면 가시를 세우지 않는다.
초롱초롱한 눈 등 외모가 귀엽다.
쳇바퀴 돌리기를 좋아한다.
털이 날리지 않고 시끄러운 소리도 내지 않는다.
케이지나 박스 안에서 생활해 공간을 많이 차지하지 않는다.
한 마리만 키워도 외로워하지 않는다.

생각해 볼 점
낮에는 주로 잠을 자고 밤에 움직이는 편이다.   주의 필요
함께 사는 가족의 얼굴을 익히기 전까지는 가시를   주의 필요
세우거나 이빨로 깨물 수 있다.
겨울에는 항상 따뜻하게 해 주어야 한다.   관리 필요
냄새는 나지 않지만 매일 배변을 치워 주어야 한다.   관리 필요

나의 결론
   고슴도치는 얼굴이 참 귀엽다. 밤송이 같달까?
   고슴도치를 키운다고 하면 다들 멋지다고 부러워하겠지? 아니야 아니야, 이런 생각은 하지 말자. 다른 사람에게 보여 주려고 반려동물을 키우는 것은 아니니까!
   고슴도치는 가시를 가졌지만 얌전하고 조용하다. (누구와는 완전 다르다.) 가족의 냄새와 손길에 익숙해지면 가시를 세우지 않는다니! 어떤 동물이 나에게 마음을 연다는 건 심장이 쿵쿵 뛰는 일이다.
   참, 고슴도치는 목욕을 좋아한다고 한다. 거품을 내서 가시를 골고루 쓱싹쓱싹 씻겨 주다 보면 나도 덩달아 목욕을 좋아하게 될지도 모른다. (그럼 엄마의 잔소리도 줄어들겠지? 완전 일석이조다.)

겨울잠 또는 여름잠을 자는 동물들

한겨울이 되면 날씨가 추워져서 야생에 사는 동물들이 먹을 먹이가 부족해진다. 그래서 겨울잠을 자는 동물들이 있다. 포유류인 곰, 고슴도치, 박쥐부터 파충류인 뱀, 양서류인 개구리까지 겨울잠을 자는 동물들은 다양하다.

체온이 일정한 곰과 고슴도치 등은 가을에 먹이를 많이 먹어 두고 겨울잠에 든다. 가끔 깨어나 저장해 둔 먹이를 먹기도 한다. 반면 체온 조절 능력이 없는 개구리나 뱀 등은 봄이 될 때까지 깨지 않고 죽은 듯 잠을 잔다.

더운 열대 지방에는 여름잠을 자는 동물들이 있다. 날씨가 덥고 오랫동안 비가 오지 않는 가뭄이 계속되면 먹이를 구하기 어려워지기 때문이다. 그래서 포유류인 쥐여우원숭이, 그 밖에 파충류인 악어, 양서류인 도롱뇽, 연체동물인 달팽이가 여름잠을 잔다.

겨울잠 또는 여름잠을 자는 동안에는 심장 박동수와 호흡수가 줄어든다. 몸 안에 저장해 놓은 지방을 사용하며 에너지를 최소한으로 쓰기 때문이다.

지난 주말에 엄마 아빠와 계곡에 놀러 갔다가 개구리를 보았다. 엄마 아빠가 어렸을 때는 개구리가 참 많았다고 한다. 그런데 요즘은 영 찾아보기가 힘들단다. 나는 기회를 놓치지 않았다.

"내가 집에서 개구리를 키우면 매일매일 볼 수 있을걸?"

내 말에 엄마 아빠는 "개구리를?" 하고 미지근하게 되물었다. 하지만 나는 아무렇지 않다. 내가 쉽게 포기할 거라고 생각했다면 오산이다!

나는 집에 돌아오자마자 반려동물 개구리에 대해 조사를 시작했다.

개구리의 몸은 머리, 몸통, 다리로 나뉜다. 눈 뒤쪽으로 소리를 듣는 고막이 있다. 앞다리에는 발가락 네 개, 뒷다리에는 발가락 다섯 개가 있다. 땅 위와 물을 오가는 개구리는 발가락에 물갈퀴가 달려 있다. 나무 위에서 사는 개구리는 발가락에 빨판이 있어서 어디든 잘 기어오른다. 대부분의 개구리는 뒷다리가 발달해서 높이 뛰어오를 수 있다.

"개구리의 수명은 어떻게 돼?"

"품종에 따라 다른데 보통 5~10년 살고 무당개구리는 20년도 산대."

나는 개구리가 이렇게 오래 사는 줄 몰랐다.

"개구리도 고슴도치나 거북처럼 겨울잠을 잔대. 기온이 영하로 내려가도 죽지 않고 살아남는대."

개구리는 정말 대단하다. 하지만 반려동물로 키운다면 개구리가 겨울잠을 자지 않도록 주의를 기울여야 한다.

 짝짓기 시기가 오면 수컷 개구리들은 큰 소리로 개굴개굴 운다. 얼굴에 달린 울음주머니가 풍선처럼 부풀어 오르며 소리를 낸다. 짝을 지으면 암컷은 젤리 같은 말랑말랑한 알을 물속에 낳는다. 그러면 암컷의 등에 올라탔던 수컷이 알에 정자를 뿌린다. 이를 체외 수정이라고 한다.

알에서 깨어난 올챙이는 물고기처럼 아가미로 숨을 쉰다. 이후 뒷다리와 앞다리가 차례대로 생겨나고 꼬리는 점점 사라진다. 올챙이가 땅 위로 올라왔을 때는 아가미도 이미 사라진 후다. 개구리는 주로 폐로 숨을 쉬지만 젖은 피부로도 숨을 쉰다.

개구리처럼 어릴 때는 물에서 자라고 크면 땅 위에서 사는 동물을 양서류라고 한다. 개구리, 두꺼비, 맹꽁이, 도롱뇽 등이 양서류에 속한다.

"개구리는 자라면서 모습이 엄청 바뀌네? 못 알아보겠어!"

"맞아. 만약 내가 개구리를 키우게 된다면 엄마한테 현미경도 사 달라고 할 거야. 성장 과정을 다 관찰하겠어!"

나는 노래를 부르며 올챙이에게 새로 생긴 꼬리를 현미경으로 관찰하는 상상을 했다. 생각만으로도 짜릿했다.

 개구리는 순간적으로 긴 혀를 뻗어서 곤충을 낚아채 잡아먹는다. 턱에 이빨이 있지만 먹이를 씹을 때가 아니라 붙잡고 삼킬 때 쓴다.

청개구리나 무당개구리 등은 보호색을 띤다. 주변과 몸 색깔을 비슷하게 해 천적으로부터 자신을 보호한다.

또한 무당개구리와 독화살개구리는 피부에서 독을 분비한다. 독은 적을 공격하거나 먹이를 사냥할 때 사용한다. 독개구리는 위험하기 때문에 함부로 만지면 안 된다.

외국에서 들어온 어떤 개구리가 우리 생태계를 어지럽힌다는 뉴스를 본 적이 있다. 개구리 이름이 뭐였더라.

"황소개구리 말하는 거지?"

황소개구리는 물고기나 작은 뱀, 심지어는 다른 개구리까지 다 먹어 치운다. 하지만 정작 황소개구리를 잡아먹을 동물은 없어서 황소개구리 수가 자꾸 늘어나고 있다고 한다.

"반려동물을 찾으려는 건데, 자꾸 환경 문제에도 관심이 생겨."

"그건 자연스러운 거야. 아주 멋진데?"

선인장에게 처음으로 칭찬을 들었다. 기분이 좋아서 개구리처럼 폴짝폴짝 뛰고 싶었지만 겨우 참았다.

개구리를 키울 때 필요한 용품들

어항   바닥재(⇨모래와 돌멩이)   수초   사료

간식(⇨밀웜)   히터   온도계

개구리를 키우게 된다면?

좋은 점
'알 ⇨ 올챙이 ⇨ 개구리'로 변하는 과정을 지켜볼 수 있다.
작은 몸집과 폴짝거리는 모습이 귀엽다.
사람을 공격하지 않는다.
환경과 계절에 따라 몸의 색깔이 조금씩 변하기도 한다.
울음주머니를 부풀리며 우는 모습이 신기하다.
어항 안에서 키울 수 있어서 공간을 많이 차지하지 않는다.

생각해 볼 점
함께 사는 사람을 알아보지 못하고, 이름을 부른다고 오지 않는다. — 실망 금지
어항에 뚜껑이 없으면 밖으로 도망갈 수도 있다. — 주의 필요
주변 온도가 너무 높거나 낮지 않도록 신경 써야 한다. — 관리 필요
개구리의 피부가 마르지 않도록 어항 안에 항상 물이 어느 정도 있어야 한다. — 관리 필요
여름잠이나 겨울잠을 자지 않도록 신경 써야 한다. — 관리 필요

나의 결론
　개구리는 주변 환경에 따라 보호색을 쓰거나 겨울잠에 들기도 한다. 그게 다 야생에서 살아남기 위한 개구리만의 방법이 아닐까?
　만약 내가 개구리를 키운다면 개구리에게 가장 좋은 환경을 만들어 줄 생각이다. 쉴 때 기어오를 수 있는 바위도 넣어 주고 어항 뒤에 밀림처럼 보이는 사진도 붙일 거다!
　또 채집망으로 나비나 파리를 잡아서 어항에 넣어 줄 거다. 긴 혀로 날렵하게 먹이를 잡아채는 장면을 동영상으로 찍어야지.
　개구리를 키울 생각을 하니 이런저런 아이디어가 마구 샘솟는다.

개구리, 악어, 하마에게 공통점이 있다고?

개구리는 양서류, 악어는 파충류, 하마는 포유류다. 세 동물 모두 사는 환경이 다르고 후손을 남기는 방법도 다르다. 하지만 물가에서 살고 땅 위에서 먹이를 잡아먹거나 잠을 잔다는 공통점이 있다.

또한 세 동물의 얼굴을 가만히 바라보면 모두 눈과 코가 같은 높이에 있다는 사실을 알 수 있다. 눈과 코의 높이가 같은 이유는 물속에 들어갔을 때도 얼굴은 물 밖에 내놓고 숨을 쉬어야 하기 때문이다.

이와 같이 서로 다른 종류의 동물이어도 비슷한 환경에서 살면 비슷한 점이 있기 마련이다.

몸에 빨판을 가진 동물 찾아보기

몸에 빨판이 있는 동물은 빨판을 이용해 다양한 일을 한다.

빨판상어는 머리 위에 납작한 타원형 빨판이 있다. 빨판상어는 이 빨판으로 자신보다 큰 고래나 바다거북의 몸에 달라붙어서 그들이 먹다가 흘린 먹이를 먹고 산다.

청개구리는 발가락 끝에 빨판이 붙어 있다. 이 빨판은 끈적거리는 점액으로 가득 차 있어서 청개구리가 높이 뛰어올랐을 때 어디든 찰싹 붙을 수 있게 해 준다.

바다에 사는 문어는 다리가 여덟 개로, 각 다리마다 수백 개의 빨판이 붙어 있다. 이 빨판은 가운데가 비어 있는 고무처럼 생겨서 어느 곳에든 잘 달라붙는다. 문어는 빨판을 이용해 움직이거나 사냥을 한다.

어젯밤에 놀이터 주변에서 노란색 길고양이와 마주쳤다. 고양이는 야옹야옹하고 울더니 나를 뚫어지게 보았다. 나한테 하고 싶은 말이 있나? 나도 멈춰 서서 고양이를 물끄러미 쳐다보았는데, 갑자기 고양이가 휙 사라져 버렸다. 노란 털 고양이가 머릿속에서 지워지지 않는다.

"고양이를 키우면 어떨까? 어제 나하고 뭔가 통하는 녀석과 만났어."

"그래? 그 고양이는 지금 어디에 있는데?"

"그건 나도 모르지. 하지만 그 고양이가 나에게 텔레파시를 보낸 것 같아. 고양이를 키워 보라고 말이야!"

 5,000년 전 고대 이집트인이 야생 고양이를 길들여 키우면서 고양이는 대표적인 반려동물이 되었다. (이집트의 벽화를 보면 고양이 그림을 쉽게 찾을 수 있다. 심지어 고양이 미라도 있다!)
고양이는 발바닥 안으로 날카로운 발톱을 숨길 수 있다. 발바닥이 두꺼워서 높은 곳에서 떨어져도 안전하게 착지할 수 있다. 기다란 꼬리가 몸의 균형을 잘 잡도록 도와준다.
고양이는 날카로운 이빨을 가지고 있어서 고기를 물어뜯을 수 있다.

"고양잇과 동물들은 모두 날카로운 이빨과 발톱을 가지고 있네. 마치 무시무시한 우리 선인장들처럼!"

선인장이 공포 영화에 나오는 귀신처럼 스탠드 조명에 자기 몸을 비추었다. 반대쪽 벽에 진 그림자로 보니 선인장의 가시가 스르륵 움직였다. 그런데…… 하나도 안 무서웠다. 오히려 귀엽기만 했다.

"잠깐만! 이 동물들이 모두 고양잇과라고?"

나는 내 눈을 의심했다. 사자, 호랑이, 표범, 재규어, 스라소니, 퓨마? 말도 안 돼. 이 사나운 동물들과 고양이가 같은 과라니!

양쪽 귀가 서로 다른 방향으로 움직일 수 있어서 고양이는 소리를 잘 듣는다. 귀의 모양은 고양이의 감정을 나타낸다.
고양이는 사냥을 위해 청각, 시각, 미각, 촉각이 발달했다. 밤에는 눈에 있는 반사판을 통해 눈동자가 환하게 빛나 어두운 것도 잘 볼 수 있다. 반대로 낮에는 동공이 세로로 길게 갈라져 눈을 보호한다.
고양이는 사람이 듣지 못하는 높은 음역대의 소리도 들을 수 있다. 특히 후각은 사람보다 약 열네 배 뛰어나다. 야생 고양이는 여러 감각을 이용해 곤충이나 쥐 등을 잡아먹는다.

옛날에는 쥐를 잡기 위해 고양이를 많이 키웠다고 한다. 우리 집에는 쥐가 없으니 고양이를 키우게 된다면 쥐 인형을 사 주면 되겠지?

아까부터 선인장은 귀여운 고양이 동영상에 푹 빠져 있다.

"고양이는 장난꾸러기면서 가끔 엄청 도도해."

그러고 보니 선인장도 장난꾸러기인데 도도하다. 어쩌면 고양이와 선인장은 환상의 짝꿍이 될 수도 있겠다.

고양이는 개에 비해 독립적인 성격이다. 하지만 함께 사는 사람에게 마음을 열면 애교를 부리고 애정을 표현한다.
고양이의 혓바닥에는 가시 돌기가 있어서 스스로 털을 고른다. 그래서

배설물에 털이 섞여 나오기도 한다.

고양이는 오래된 발톱을 갈아 내기 위해 발톱을 긁는 버릇이 있다. 그래서 발톱 긁개를 만들어 주어야 한다.

"개와 고양이는 서로 다른 점이 많은 것 같아."

"맞아. 개는 사람에게 충성하고 훈련도 잘 따르는 편이지. 반대로 고양이는 사람과 함께 살 수 있도록 길든다고 할까?"

사람의 성격이 다 다른 것처럼, 동물도 품종에 따라 성격이 모두 다른 것 같다. 그래서 누구는 개를 좋아하고 누구는 고양이를 좋아하는 게 아닐까?

"그나저나 선인장 너는 개를 닮은 것 같아? 고양이를 닮은 것 같아?"

"그걸 몰라서 묻니?"

선인장이 고양이가 화를 낼 때 내는 울음을 따라 했다. 정말 종잡을 수 없는 선인장이다. 에휴!

고양이를 키울 때 필요한 용품들

고양이 사료   간식   먹이 그릇과 물그릇   배변용 화장실   배변용 모래

배변삽   발톱 깎이   빗과 샴푸   이동 가방

반려동물 고양이의 종류를 알아보자!

국제 고양이 애호가 협회(CFA)에는 40여 종의 고양이가 등록되어 있다. 최근에는 뱅갈이 정식으로 인정받았다. 반면 먼치킨은 협회에 등록되어 있지 않다. 하지만 순종이 아니더라도 건강하고 활발한 고양이라면 가정에서 충분히 함께 지낼 수 있다. 우리나라에서 사랑받는 고양이의 종류와 특징을 살펴보도록 하자.

터키시앙고라
귀가 뾰족하고 털이 길고 우아하다. 활동적이고 사람에게 안겨 있는 것을 즐기지 않는다. 똑똑하고 주인에 대한 사랑이 많은 편이다.

샴
몸이 날씬하고 눈 색깔이 파랗다. 애교가 많고 사람의 관심을 끌기 위해 노력한다. 때론 사람을 졸졸 따라다니며 몸을 부비기도 한다. 활동적이며 잘 우는 편이다.

먼치킨
성격이 활발하고 호기심이 많다. 다른 고양이나 낯선 사람과도 금세 친해진다. 똑똑해서 훈련을 잘 따르는 편이다. 다른 고양이에 비해 다리가 짧아서 관절 관리가 필요하다.

스코티시폴드
둥근 얼굴과 접힌 귀가 특징이다. 단모종과 장모종으로 나뉜다. 소리에 예민하지 않고 겁이 없어서 낯선 곳에도 잘 적응한다. 접힌 귓속의 염증에 유의해야 한다.

뱅갈

예전에 토끼 사냥을 했던 만큼 몸이 근육질이며 움직임이 민첩하다. 그만큼 매일 산책이나 운동을 시켜 주어야 스트레스를 받지 않는다. 호기심이 많아서 장난꾸러기로 유명하다. 아이들과 잘 지낸다.

러시안블루

날렵하고 근육질이다. 푸른빛 도는 회색 털이 특징이다. 얌전한 성격으로 낯을 많이 가린다. 하지만 한 번 가까워지면 주인을 잘 따른다. 낯선 사람을 경계하는 편이다.

페르시안

풍성한 털이 목에서 가슴, 꼬리까지 아름답고 길게 뻗어 있다. 그래서 매일 빗질을 해 주어야 한다. 사람을 잘 따르고 우아하다. 움직임이 적고 조용한 편이다.

털이 긴 품종은 짧은 품종에 비해 털 관리를 자주 해 주어야 한다. 새끼 고양이는 어른 고양이에 비해 면역력이 약하고 외로움을 많이 타서 더 많은 보살핌이 필요하다. 자신의 성격뿐 아니라 상황에 맞는 반려 고양이를 찾아보자.

 선인장에게 보고합니다

고양이를 키우게 된다면?

좋은 점
애교가 많아서 사랑스럽다.
호기심이 많고 장난을 좋아한다.
가끔 자기만의 시간을 갖는 등 독립적인 모습이 멋지다.
조금만 훈련하면 화장실에 들어가서 배변을 한다.
높이 점프할 수 있고 높은 곳에서 떨어져도 다치지 않는다.
(그렇다고 일부러 장난치지는 말 것!)
스스로 털을 고르며 세수한다.

생각해 볼 점
고양이 털 알레르기가 있는지 먼저 확인해야 한다.	주의 필요
털이 자주 빠지는 편이라 청소를 자주 해야 한다.	관리 필요
배변 훈련은 쉬우나 배설물 냄새가 많이 나는 편이다.	관리 필요
발정기가 오면 소변을 아무 데나 보거나 울어 댈 수 있다.	훈련 필요
창문이나 문이 열려 있으면 밖으로 나갈 수도 있으니 문단속을 잘해야 한다.	주의 필요

나의 결론
　길고양이를 길들여 집에서 키우는 사람들의 이야기를 들었다. 요즘은 길고양이를 위해 집 근처에 사료를 놔두는 사람들도 있다고 한다. 마음이 따뜻해지는 이야기다.
　다행히도 우리 집에는 동물 털 알레르기가 있는 사람이 없다. 그렇다면 고양이를 키울 수 있지 않을까?
　나는 평소에도 청소하는 엄마 아빠를 도와 청소기를 돌린다. 고양이가 오면 잘 놀아 주고 지금보다 더 열심히 청소할 텐데! 이건 비밀인데, 집 앞 문구점에서 파는 쥐 모양 인형도 미리 봐 두었다.

길고양이에게 함부로 하지 않기

길고양이는 주택가나 야산에서 자주 볼 수 있다. 길고양이는 한때 사람과 살았지만 버려지거나 야생에서 태어나 길에서 사는 고양이를 뜻한다.

길고양이는 집에서 키우는 고양이에 비해 많은 질병에 노출되어 있어 수명이 짧다. 또한 야외에서는 고양이가 먹이를 구하기 힘들다. 길고양이 사이에서 목숨을 건 영역 싸움이 일어나기도 한다. 여러 위험에서 길고양이를 보호하기 위해 길고양이를 돌보는 사람이나 단체가 생겨나고 있다.

반면 길고양이를 재미로 괴롭히거나 보기 싫다고 학대하는 사람도 있다. 길고양이 역시 살아 있는 생명체다. 그렇기 때문에 함부로 대하는 행동은 하지 말아야 한다.

2022년에 동물 보호법이 새로 개정되었다. 동물을 학대하면 2년 이하의 징역을 살거나 2,000만 원 이하의 벌금을 내야 한다.

고양잇과 동물의 특징 알아보기

고양잇과 동물에는 고양이와 사자, 살쾡이, 호랑이, 스라소니 등이 있다. 이 동물들은 날카로운 발톱과 이빨을 가지고 있다. 특히 야생에 사는 고양잇과 동물은 부드러운 근육을 가지고 있어서 빠르게 달리거나 먹잇감을 재빨리 덮칠 수 있다. 그래서 자신보다 몸집이 큰 초식 동물을 사냥하기도 한다.

고양잇과 동물은 육식 동물이다. 하지만 항상 고기만 먹지는 않는다. 호랑이가 가끔 도토리를 먹는 것처럼 다른 것도 먹는다. 호랑이가 도토리를 먹는 이유는 도토리에 타닌이라는 성분이 있기 때문이다. 타닌은 고기가 잘 소화되도록 돕는다.

"선인장은 원래 사막에 살잖아. 사막에 사는 동물을 키우면 너도 좋지?"
"어떤 동물을 생각하고 있는데?"
"도마뱀! 도마뱀은 품종도 어마어마하게 많고 사는 지역도 다양하대."
내 말에 선인장은 고개를 끄덕였다. 역시 마음에 들어 할 줄 알았다.

강가 숲에 사는 이구아나, 주변에 맞게 몸의 색깔을 바꾸는 카멜레온, 몸길이가 3미터가 넘는 코모도왕도마뱀, 사막에 사는 사막도마뱀 등 도마뱀에는 아주 다양한 종류가 있다.

대부분 온몸이 비늘로 덮여 있으며 폐로 숨을 쉰다. 도마뱀은 변온 동물로 스스로 체온을 조절할 수 없어 환경에 따라 체온이 변한다.

도마뱀은 성장하면서 허물을 벗는데 이 과정을 '탈피'라고 한다. 벗어 낸 허물은 스스로 먹어 치운다.

"목도리도마뱀은 어때?"

나는 양 손바닥을 목에 붙이고 두 다리를 마구 휘저으며 목도리도마뱀 흉내를 냈다.

"하지만 목도리도마뱀을 집에서 키울 순 없어. 반려동물로 키우는 도마뱀은 따로 있을걸?"

선인장의 말에 나는 풀이 죽었다. 하긴, 목도리도마뱀도 내 방보다 훨씬 넓은 초원에서 마음껏 뛰어다니고 싶을 거다.

나는 사람이 키우기에 어렵지 않은 도마뱀을 찾아보기로 했다.

도마뱀은 시력이 좋고 두 눈을 따로 움직일 수 있어서 360도 돌아볼 수 있다. 하지만 귀는 거의 퇴화해서 소리는 잘 듣지 못한다.

일부 도마뱀은 적을 만났을 때 꼬리로 적을 유인한 후 꼬리를 스스로 자르고 도망친다. 잘려 나간 자리에 꼬리뼈 대신 연골 같은 하얀색 힘줄이 생기며 꼬리가 다시 돋아난다. (잘린 자리에서 꼬리가 제대로 나지 않는 경우도 있다.)

도마뱀붙이는 도시형 파충류로 발가락 끝이 넓다. 발바닥의 미세한 털이 빨판 역할을 해 벽을 기어오르거나 유리창에 붙어 있을 수 있다.

"뭐라고? 꼬리를 스스로 자른다고?"

"으악! 잘려 나간 꼬리가 혼자 꿈틀대!"

나와 선인장은 도마뱀 동영상을 보고 깜짝 놀랐다. 도마뱀이 꼬리를 자르는 행동은 정말 급박한 상황에서만 한다고 한다. 모든 도마뱀이 꼬리를 자를 수 있는 건 아니다. 종류가 다양해서 그런지 엄청 복잡하다.

속담 중 '꼬리가 길면 밟힌다.'라는 말이 있다. 나쁜 일을 여러 번 저지르면 결국 들킨다는 뜻이다. 하지만 도마뱀은 꼬리를 자르고 도망칠 수 있으니까 절대 안 잡히겠지?

반려동물로는 게코도마뱀을 많이 키운다. 색깔과 무늬가 다양하며 성격은 온순한 편이다. 게코도마뱀은 야행성이라 주로 밤에 움직인다. 기어오르기를 좋아해서 위로 높은 공간을 마련해 주는 것이 좋다. 도마뱀은 축축하고 따뜻한 장소를 좋아하기 때문에 습도와 온도를 항상 높은 상태로 유지해야 한다.

또한 한 공간에 수컷 여러 마리를 함께 두면, 매일 싸우기 때문에 주의해야 한다.

도마뱀은 다른 변온 동물에 비해 어느 정도 체온을 조절할 수 있다고 한다. 하지만 너무 더우면 여름잠을 자고 너무 추우면 겨울잠을 자는 건 똑같다. 따라서 매일매일 상태 체크는 필수!

"탐구 일지를 쓸 거야! 온도와 습도, 먹이 섭취량, 다 기록해야지."

"다른 반려동물을 키울 때도 일지를 쓰면 좋을 것 같아."

선인장 말이 맞다. 어떤 동물을 키우든 섬세하게 관찰하고 기록하면 많은 도움이 될 것 같다.

"탐구 일지를 쓰는 건 아주 좋은 일이야. 당장 오늘부터 쓰도록 해."

"오늘부터? 난 아직 반려동물이 없는데?"

"반려동물은 없어도 반려식물은 있잖아. 바로 나!"

어쩜 매번 옳은 소리만 하는지. 나는 선인장의 협박에 못 이겨 오늘부터 선인장 탐구 일지를 쓰기로 했다. 무얼 써야 할까? 아, 언제 물을 주었는지 적어 두어야겠다. 그러면 다음에 줄 때 헷갈리지 않겠지?

도마뱀을 키울 때 필요한 용품들

케이지 · 은신처 · 먹이 그릇과 물그릇 · 바닥재(⇨바크) · 먹이용 곤충(⇨밀웜, 귀뚜라미)

UVB 램프 · 분무기 · 습도계와 온도계 · 온열 장판

도마뱀을 키우게 된다면?

좋은 점
공룡과 비슷하게 생겨서 신기하다.
털이 없어서 털 날릴 걱정이 없다.
색깔이 화려하고 크기도 다양하다.
손바닥 위에 올려놓고 자세히 바라볼 수 있다.
케이지 안에서 키워 공간을 많이 차지하지 않는다.

생각해 볼 점

너무 자주 만지면 도마뱀이 스트레스를 받을 수 있다.	주의 필요
도마뱀을 만진 후에는 손을 꼭 씻어야 한다.	주의 필요
꼬리를 세게 만지거나 당기면 떨어질 수도 있다.	주의 필요
항상 습도와 온도에 신경 써 주어야 한다.	관리 필요
이름을 부른다고 다가오거나 애교를 부리지 않는다.	실망 금지
한 케이지에 수컷 여러 마리를 기르면 영역 싸움을 한다.	관리 필요

나의 결론

　나는 공룡을 엄청 좋아한다. 그래서 가끔 공룡이 살아 있다면 어떨까 상상해 본 적도 있다. 따지고 보면 공룡도 파충류에 속한다. 그렇다면 도마뱀을 공룡의 후예라고 할 수 있지 않을까? 그럼 나는 공룡의 후예를 키우게 되는 건가? (억지 부린다고 해도 할 수 없다.) 상상만 해도 가슴이 쿵쿵 뛴다.

　내가 도마뱀을 키우게 된다면 탐구 일지는 물론이고 돋보기도 사서 매일매일 도마뱀의 건강을 살펴볼 거다. 온도계와 습도계도 잊지 않고 확인하고 분무기도 자주 뿌려서 주변을 촉촉하게 만들어 줘야지.

　그리고 무엇보다 내 도마뱀이 스스로 꼬리를 자르는 일이 없도록 항상 주변을 경계하며 도마뱀을 보호할 거다. 맹세한다.

변온 동물의 특징은 무엇일까?

파충류는 다양한 곳에 적응하며 살아가고 있다. 강, 호수, 사막, 바다 등이 파충류의 주요 서식지다. 악어나 자라는 강이나 호수에 살고 이구아나, 거북, 바다뱀은 바다에 산다. 사막에서 사는 도마뱀도 있다.

파충류의 피부는 비늘로 덮여 있어 바깥 온도를 바로 받아들인다. 이런 동물을 변온 동물이라고 한다. 그래서 파충류는 추운 곳에서는 잘 살지 못한다. 밤에는 거의 움직이지 않고 잠을 잔다. 낮에는 따뜻한 곳을 찾아가 일광욕을 하며 몸의 온도를 높인다.

대부분의 파충류는 알을 낳는다. 악어나 거북은 흙 안에 알을 숨긴다. 붉은 바다거북의 알은 주변 온도가 29도보다 높으면 암컷, 29도보다 낮으면 수컷으로 부화한다. 반면 미시시피악어의 알은 32도보다 높으면 수컷, 32도보다 낮으면 암컷으로 부화한다. 주변 온도가 알에 영향을 끼치는 까닭은 아직까지 밝혀지지 않았다.

도마뱀과 도롱뇽은 무엇이 다를까?

도마뱀과 도롱뇽은 생김새가 많이 닮았다. 하지만 도마뱀은 혀를 내밀어서 냄새를 맡고 도롱뇽은 코로 냄새를 맡는다. 또 도마뱀이 도롱뇽보다 더 빠르게 움직일 수 있고 꼬리도 길다.

도마뱀은 파충류고 도롱뇽은 양서류다. 도롱뇽은 대표적 양서류인 개구리처럼 물속에서 아가미로 숨을 쉬며 자라다가 커서 물 밖으로 나오면 폐로 숨쉰다. 개구리는 다리가 나면서 꼬리가 사라지지만 도롱뇽은 긴 꼬리를 그대로 가지고 있다.

"우리 학교에 떠도는 전설이 있는데 들어 볼래?"

"무슨 전설인데?"

"5학년 어떤 누나가 달걀을 따뜻하게 해서 병아리로 부화시키고 닭이 될 때까지 키웠대."

"뭐라고? 닭이 되었다고?"

어미 닭은 조용하고 컴컴한 장소에서 달걀을 품는다. 이때 어미 닭의 체온은 37도 정도로 따뜻하다. (사람의 체온은 보통 36.5도이다.)

달걀 안에는 병아리에게 필요한 모든 영양소가 들어 있다. 씨눈이 자라고 혈관이 퍼지면서 점점 병아리가 되어 간다. 어미 닭이 달걀을 품은 지 21일 정도가 지나면, 병아리가 부리로 달걀 껍질을 깨고 밖으로 나온다. 어미 닭이 곁에 있으면 병아리의 부화를 도와주기도 한다.

요즘은 부화기로 달걀을 부화하기도 한다. (부화기의 온도는 37.8도와 39.4도 사이, 습도는 55~68퍼센트로 맞춰 주어야 한다.)

"그거 알아? 유명한 발명가 에디슨도 어릴 때 달걀을 품으려고 했대."

화장실도 가야 하고 잠도 자야 하고 밥도 먹어야 하는데, 하루 종일 달걀을 품겠다고? 황당하긴 하지만 한편으로 에디슨이 참 대단하다는 생각도 든다. 알을 품을 생각을 다 하다니! 하지만 사람의 체온으로는 절대 달걀을 부화할 수 없다고 한다.

 병아리는 부드러운 털, 딱딱한 부리, 비늘로 덮인 다리와 발가락을 가지고 있다. (수탉으로 자라면 며느리발톱이라는 단단한 발톱이 생긴다.)

병아리는 4~5주 동안 어미 닭을 따라다니면서 모이를 주워 먹거나 벌레를 잡아먹는다.

인공적으로 키울 때에는 부화 때와 마찬가지로 온도와 습도를 적당히 맞춰 주어야 한다. 특히 태어난 지 일주일이 지나면 일광욕을 시켜 주어야 한다. 병아리가 닭이 되려면 적어도 20주는 걸린다.

저녁 반찬인 달걀 프라이에 왠지 젓가락이 가지 않았다.

"왜 안 먹어? 달걀 프라이 좋아하잖아."

"병아리를 먹는 것 같아서 별로야."

"이건 무정란이라서 어차피 병아리가 될 수 없어."

엄마의 말에 깜짝 놀랐다. 병아리가 될 수 없다니? 무정란이 뭐지?

"무정란은 암컷이 혼자 낳은 달걀이라서 병아리가 되지 않아. 유정란은 병아리가 될 수 있지만."

나는 가벼운 마음으로 달걀 프라이를 먹었다. 그리고 방으로 들어갔는데 선인장이 나를 째려보며 말했다.

"입에서 달걀 냄새가 나는군. 어쩜 그럴 수가 있지?"

나는 내가 먹은 달걀은 무정란이라고 선인장에게 열심히 설명해야 했다.

 다 자란 닭의 머리에는 볏이 돋아나고 부리 아래로는 피부가 붉게 늘어진다. 수컷은 암컷보다 볏이 크고 화려하다. 더운 여름에는 볏을 통해

열을 내보내며 체온을 조절한다.

닭은 벌레, 작은 씨앗, 잎사귀 등을 먹는다. 삼켰던 먹이를 몸속 모이주머니에 저장했다가 위장으로 내려보낸다. 닭은 이빨이 없기 때문에 위장과 이어진 모래주머니에서 딱딱한 먹이를 다시 소화시킨다.

내가 병아리를 키우고 싶다고 하니까 아빠가 진지한 표정을 지었다.

"아빠도 어릴 적에 학교 앞에서 병아리를 샀는데……."

아빠가 산 병아리는 몸이 약해서 금방 죽었다고 한다.

"병아리를 비롯해 어떤 반려동물이든 입양하기 전에 몸이 건강한지 꼭 살펴보아야 해."

아빠는 '다른 녀석들보다 활발하고 잘 움직이는지', '눈곱이 있거나 배설물이 묻어 있지 않은지', '털이 보송보송하고 윤기가 도는지' 꼭 자세히 보라고 했다. 병아리를 입양하면 하나하나 꼼꼼히 살펴보아야겠다!

병아리를 키울 때 필요한 용품들

병아리(닭)를 키우게 된다면?

좋은 점
'달걀 ➪ 병아리 ➪ 닭'으로 변하는 모습을 지켜볼 수 있다.
부드럽고 보송보송한 털을 가지고 있다.
삐약거리는 소리가 작고 연약해서 사랑스럽다.
꾸벅꾸벅 졸거나 종종거리며 돌아다니는 모습이 귀엽다.
나중에 암탉으로 자라면 달걀을 낳을 수도 있다.

생각해 볼 점
부화기에서 달걀이 부화하지 않을 수도 있다.　　　　　실망 금지
어느 정도 자라기 전까지는 온도와 습도를 맞춰 줘야 한다.　관리 필요
아무 데나 배변을 한다.　　　　　　　　　　　　　　훈련 필요
수탉으로 자라면 아침마다 시끄럽게 울 수도 있다.　　주의 필요

나의 결론
　　지난 수업 시간에 '닭이 먼저일까? 달걀이 먼저일까?'라는 주제로 긴 토론을 했다. 하지만 결론은 나지 않았다. 병아리를 키울 생각을 하니 그 토론이 다시 생각났다. 건강한 병아리를 데려와서 닭으로 키우다 보면 답을 알게 될까?
　　지금까지 많은 반려동물을 찾아보았다. 그중에서도 병아리가 모습이 가장 많이 변하는 것 같다. 달걀에서 병아리, 병아리에서 닭이 되기까지 모습이 확확 변한다. 달걀 부화에 성공하고 병아리를 얻고 닭까지 성공적으로 키우면 얼마나 뿌듯할까? 내가 키운 닭이 달걀까지 낳는다면 정말 감동적이겠지?
　　병아리는 작고 연약하기 때문에 많은 관심과 사랑을 주어야 한다. 그런데 내 병아리가 수탉이면 어쩌지? 어쩌긴 뭘 어쩌나. 오히려 더 좋을 수도 있다. 아침마다 "꼬끼오!" 울어서 내 방 알람 시계 역할을 해 줄 수 있으니 말이다.

동물을 행복하게 길러야 하는 이유

　최근 들어 조류 독감, 구제역, 광우병 등 가축 질병이 주기적으로 유행하고 있다. 가축 질병은 좁은 장소에서 많은 수의 가축을 기르기 때문에 발생한다. 특히 닭은 A4 용지만 한 좁은 우리 안에서 한 마리가 생활한다. 이렇게 좁은 우리가 모인 축사 안에서 질병이 퍼지기 시작하면 많은 가축이 떼죽음을 당하기 쉽다. 또한 달걀을 짧은 시간에 많이 낳게 하려고 밤에도 우리 안에 불을 켜 놓아 닭의 건강을 해치고 있다.

　닭은 몸에 붙은 진드기 등의 벌레를 떼어 내려고 마당의 흙이나 모래로 목욕하는 습관이 있다. 마당이 아닌 좁은 우리에 갇혀 있으면 스스로 목욕할 수 없다. 따라서 닭을 키우는 농부가 닭에게 살충제를 뿌린다. 그러다 보니 시중에 판매되는 달걀에서 살충제 성분이 발견되기도 한다.

　모든 동물은 깨끗하고 안전한 환경에서 길러야 한다. 특히 우리가 먹을 동물은 더더욱 행복하게 길러야 한다. 그 동물이 느낀 괴로움이나 동물의 몸에 남아 있던 나쁜 성분이 우리에게 돌아오기 때문이다.

동물 보호법 중 '제3조 동물 보호의 기본 원칙'

　누구든지 동물을 사육·관리 또는 보호할 때에는 다음 각 호의 원칙을 준수해야 한다.

1. 동물이 본래의 습성과 신체의 원형을 유지하면서 정상적으로 살 수 있도록 할 것
2. 동물이 갈증 및 굶주림을 겪거나 영양이 결핍되지 아니하도록 할 것
3. 동물이 정상적인 행동을 표현할 수 있고 불편함을 겪지 아니하도록 할 것
4. 동물이 고통·상해 및 질병으로부터 자유롭도록 할 것
5. 동물이 공포와 스트레스를 받지 아니하도록 할 것

얼마 전에 텔레비전에서 반려동물로 돼지를 키우는 사람을 보았다. 미국의 유명한 할리우드 배우도 돼지를 키운다고 한다. 내가 돼지를 키운다? 조금 걱정된다. 몸집이 너무 커지거나 내 간식을 다 먹어 버리면 어쩌지?
　"돼지라고 다 그렇진 않아. 기니피그는 어때?"
　기니피그라…… 언젠가 들어 본 적 있는 이름이다. 나는 기니피그가 어떤 녀석이었는지 기억을 더듬어 보았다.

　기니피그는 몸이 통통하고 생김새가 햄스터와 비슷하다. 하지만 크기가 25~40센티미터로 햄스터보다 몸집이 크다. 다리가 짧다. 발가락은 있으나 발톱은 없다. 꼬리는 퇴화되어 없어졌다.
　털 색깔은 흰색, 검은색, 노란색, 갈색 등 다양하다. 앞니가 있으며 안쪽으로 어금니도 있다. 이빨이 계속 자라기 때문에 이갈이를 할 수 있는 단단한 채소 등을 챙겨 주어야 한다.

　"기니피그라는 이름은 꼬마 돼지라는 뜻이래."
　"이름에 돼지가 들어갔으면 기니피그도 많이 먹나?"
　기니피그를 키우게 된다면 운동을 자주 시켜 주어야 한다. 사람도 동물도 살이 너무 찌면 건강에 안 좋으니 말이다.
　하지만 기니피그의 사진을 보니 돼지보다는 햄스터나 토끼가 먼저 떠올랐다. 기니피그가 야금야금 건초를 먹는 모습을 보니 마음이 평화로워졌다. 나는 슬쩍 선인장을 쳐다보았다. 기니피그가 풀을 먹는 모습을 보더니 선인장은 두려움에 가시를 바르르 떨었다. 나는 웃음이 나왔지만 모르는 척해 주었다. 에헴!

기니피그는 성격이 얌전하다. 여러 마리가 함께 생활하는 것을 좋아하고 서로 특이한 울음을 주고받으며 대화한다. (스위스에서는 기니피그를 한 마리만 기르는 일이 불법이다. 기니피그가 외로움을 느껴 스트레스를 받기 때문에 두 마리 이상 기르도록 하고 있다.)
기니피그는 일 년 내내 새끼를 낳을 수 있다. 임신 기간은 65~70일이며, 한 번에 한 마리에서 네 마리를 낳는다. (갑자기 새끼 수가 늘어날 수 있으니 주의해야 한다.)

스위스에는 동물도 존중받아야 한다고 생각하는 사람이 많은 것 같다. 기니피그뿐 아니라 앵무새도 한 마리만 기르는 것을 금지하고 있다.

"기니피그나 앵무새뿐이겠어? 개나 고양이도 혼자 오래 두면 안 좋다고."

나는 선인장의 말에 고개를 끄덕였다. 사실 나도 엄마 아빠가 회사원이기 때문에 집에 혼자 있는 시간이 많다. 그래서 외로움이 뭔지 잘 안다.

"어쨌든 기니피그를 반려동물로 키우게 된다면 두 마리를 데려오는 게 좋겠어."

"좋은 생각이야. 새끼까지 기를 자신이 없으면, 같은 성별의 기니피그를 데려오거나 수컷을 중성화하면 되겠다."

기니피그는 겁이 많은 편이다. 그래서 입양 후 일주일 정도는 거리를 두고 천천히 다가가는 것이 좋다.
기니피그가 숨을 수 있는 은신처를 마련해 주면 좋다. 또한 다리뼈가

약하기 때문에 발이 빠질 수 있는 철망이나 쳇바퀴는 피하도록 한다.

기니피그는 식성이 좋다. 그래서 건초와 깨끗한 물을 항상 넉넉하게 챙겨 주어야 한다. 비타민이 들어 있는 채소나 과일도 가끔 주면 좋다. (너무 많이 주면 설사한다.)

"기니피그를 키우는 일은 좀 쉬워 보이는데?"

"보기에만 그렇지. 키워 보면 만만한 반려동물은 없을걸."

반려동물을 찾으면서 선인장과 많이 친해졌다.

선인장도 예전보다 몸이 통통해지고 윤기 없던 가시도 지금은 반짝반짝하다. 다 내 사랑 덕분이다. 하하!

"키우기 어려워도 사랑만 듬뿍 줄 수 있으면 그게 시작이지."

선인장이 "오, 웬일로 멋진 말을 다 하네?" 하며 나를 쳐다봤다. 내가 생각해도 옳은 말을 한 것 같다.

기니피그를 키울 때 필요한 용품들

케이지 / 은신처 / 먹이 그릇과 물그릇 / 바닥재(혹은 배변 패드) / 샴푸

사료 / 건초(⇨알파파-6개월 미만, 티모시-6개월 이상) / 간식(⇨과일, 채소) / 영양제 / 이갈이 제품

 선인장에게 보고합니다

기니피그를 키우게 된다면?

좋은 점
털이 부드럽고 색깔이 다양하다.
얌전하고 사람에게 다정한 성격이라 친해지기 쉽다.
소변 훈련이 가능하다.
다른 기니피그들과 사이좋게 지낸다.
울음으로 감정을 표현한다.

생각해 볼 점
한 마리만 기르면 외로워한다.	주의 필요
너무 많이 먹으면 살이 쪄 건강이 나빠질 수도 있다.	관리 필요
이갈이에 신경 써 주어야 한다.	관리 필요
털갈이를 하기도 한다.	관리 필요
추위를 잘 타기 때문에 따뜻하게 해 주어야 한다.	관리 필요
함부로 만지면 스트레스를 받아 물기도 한다.	주의 필요

나의 결론
　기니피그의 성격은 생김새처럼 둥글둥글한 것 같다. (그렇다고 신경을 덜 써도 된다는 건 아니다.)
　기니피그는 소변을 한군데에 본다. 하지만 대변 훈련은 어려워서 항상 케이지 안을 잘 청소해 주어야 한다.
　기니피그 두 마리를 키우면 금방 새끼가 생길 가능성이 크다. 그래서 태어날 새끼도 같이 키울지 정해야 한다. 내겐 새끼는 조금 힘들 것 같다. 그래서 일단은 같은 성별로 두 마리 데려올 생각이다.
　기니피그가 사료와 건초를 얼마나 먹을지 너무 궁금하다. 돼지라는 이름이 괜히 붙은 건 아닐 테니까! 기니피그를 키우면 하루에 무엇을 얼마나 먹는지 매일매일 관찰하고 기록할 거다.

동물 실험에 대한 불편한 진실

고대 그리스 시대부터 동물을 이용한 실험이 있었다. 화장품이나 약품, 음식이나 농약 등은 사람이 사용하기 전에 안전하고 효과가 좋은지 먼저 시험해 본다. 사람이 직접 실험 대상이 되는 것은 위험하다. 그래서 실험용 생쥐나 토끼, 기니피그, 개나 고양이를 대상으로 동물 실험을 해 왔다.

동물 실험을 통해 광견병이나 탄저병 등을 치료하는 백신을 개발할 수 있었다. 하지만 그 뒤에는 인간의 편의를 위해 실험으로 고통받거나 죽은 수많은 동물들이 있다.

예전에는 동물 실험에 이용했던 동물을 모두 죽이도록 했다. 요즘은 상황이 바뀌었다. 동물 실험에 자주 쓰이는 개, 비글의 경우엔 실험이 끝난 후 사람에게 분양하기도 한다. 운 없이 실험실에 갇혀 있던 동물이라도 행복하게 살 권리가 있기 때문이다.

그렇다면 동물 실험을 받고 세상으로 나온 비글은 새로운 환경에 잘 적응할 수 있을까? 시간이 지나면 점차 나아지지만 처음엔 모든 것을 경계하고 잘 짖지도 않는다. 그래서 실험실에서 구조된 비글은 일반 가정으로 분양 보내기 전에 한두 달간의 사회화 교육을 받는다.

동물 실험을 꼭 해야만 할까? 동물 실험을 한 후에도 제품에서 인간에게 해로운 물질이 발견되는 경우가 종종 있다. 그렇다면 동물 실험에 대해 다시 한 번 생각해 보아야 한다. 지금도 동물 실험을 줄이고 있지만 지금보다 더 줄여야 한다. 이를 위해 동물 실험을 대체할 수 있는 다른 방법이 있는지 함께 찾아보는 노력이 필요하다.

페럿 Ferret

척삭동물 식육목(육식 동물)
족제빗과의 포유류

→ 평균 수명 7~10년

악취가 나는 액체를 내뿜기도 함

닭고기나 양고기 등을 먹는 육식 동물

유연한 골격을 가지고 있음

높은 곳에 자주 올라감

송곳니가 나와 있음

하루에 열다섯 시간 정도 잠

봄과 가을에 털갈이를 함

장난기가 많은 활발한 성격

어두운 구석을 좋아함

성장 과정

내가 조사한 반려동물 중 가장 특이한 녀석이 나타났다.

"페럿? 생긴 건 너구리나 족제비 같은데? 아니면 허리가 아주 긴 쥐?"

선인장은 페럿 사진 앞에서 가시를 물음표 모양으로 구부렸다.

"얼굴 보니까 완전 장난꾸러기네."

헉! 정답이다. 선인장 말대로 페럿 중에는 장난꾸러기가 많다고 한다. 선인장은 어떻게 페럿의 얼굴만 보고 그 사실을 안 거지?

 페럿은 잘 구부러지는 골격을 가지고 있어서 매우 유연하다. 머리는 동그랗고 코는 짧다. 목은 길고 굵으며 꼬리는 몸길이의 4분의 1 정도이다. 네 발에는 각각 다섯 개의 발가락이 나 있다.
보통 암컷의 크기는 30~38센티미터, 수컷은 50센티미터이다.
페럿의 털은 흰색과 검은색, 갈색, 적갈색, 은색 등 다양하다.
야행성 동물이라고 알려져 있지만 낮에도 활동한다.
시력이 좋지 않고 후각과 청각이 발달해 있다.

나는 페럿을 목에 목도리처럼 두르고 낮잠 자는 상상을 했다.

"페럿이 가만히 네 목에 감겨 있을까?"

맞다, 페럿이 장난꾸러기라는 사실을 잠시 잊고 있었다. 하지만 페럿은 사람과 노는 것을 좋아하기 때문에 선인장이 우려하는 일은 없을 것 같다.

"페럿이랑 있으면 하루 종일 놀아 줘야겠네."

노는 건 자신 있다! 나는 두 주먹을 불끈 쥐었다. 그러자 선인장이 "숙제는 언제 다 하고? 어제도 안 하고 잤지?"라고 했다. 정말, 선인장은 분위기 망치는 데 선수다.

페럿에게는 특유의 진한 냄새가 난다. 이 냄새는 항문에 있는 취선에서 나는 것이다. 페럿은 주로 영역 표시를 하거나 천적을 만났을 때 악취를 내뿜는다.
페럿은 태어나서 4~8개월 사이에 발정이 온다. 발정은 번식하고 싶은 욕구를 뜻한다. 이때 냄새가 더 많이 날 수 있다. 그래서 페럿을 반려동물로 키울 때는 중성화 수술을 하는 게 좋다. 그렇게 하면 냄새가 나지 않는다. 또한 호르몬 과다로 인한 여러 질병도 예방할 수 있다.

갑자기 선인장은 (코도 없을 텐데) 이상한 냄새가 난다며 나를 의심했다. 페럿이 냄새를 뿜는다고 듣더니 괜히 저런다.

"그런데 페럿처럼 독한 냄새를 뿜는 동물이 또 있지 않나?"

"맞아, 스컹크!"

스컹크와 페럿은 같은 족제빗과 동물이다. 그래서 서로 비슷한가 보다.

 페럿은 기원전 4세기쯤 처음 길들여졌다. 주로 토끼를 사냥하거나 쥐를 잡기 위해 키웠다. 페럿의 이빨은 모두 34개로 그중 송곳니가 튀어나와 있다. 페럿은 양고기나 닭고기 등을 먹는 육식 동물이어서 채소는 먹지 않는다. 그렇다고 반려동물로 키우는 페럿에게 사람이 먹는 음식을 함부로 주면 안 된다. 페럿 전용 사료를 주어야 한다.

페럿의 역사를 조사하던 중, 페럿에게 딱 맞는 별명을 발견했다. 바로 토끼 사냥꾼! 페럿은 길고 유연한 몸으로 토끼 굴로 기어들어 간다.

"페럿은 터널 같은 곳에 기어들어 가는 걸 좋아한대."

"그럼 너랑 잘 맞겠다. 넌 모를 거야. 네가 집에 돌아오면 매일 이 방에 터널이 생긴다는 사실을."

나는 선인장이 말도 안 되는 트집을 잡는다고 생각했다. 하지만 선인장이 가시로 가리킨 곳을 보았더니 정말 터널이 있었다. 내가 아무렇게나 벗어 놓은 청바지가 동그랗게 솟아 있는 모양이 꼭……. 으악, 창피해!

페럿을 키울 때 필요한 용품들

케이지 · 장난감 · 바닥재(혹은 배딩) · 전용 사료 · 간식
샴푸 · 은신처 · 몸줄 · 화장실 · 잠자리(⇨해먹이나 방석)

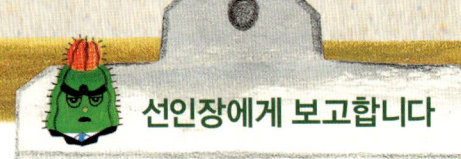

페럿을 키우게 된다면?

좋은 점
잠을 잘 때 쓰다듬어도 가만히 있는 편이다.
장난기가 많아서 재미있고 같이 놀 수 있다.
높은 곳에 기어올라 가거나 터널 같은 곳을 통과하는 것을 좋아한다.
안아 달라고 무릎에 기어오를 때도 있다.
함께 산책을 나갈 수 있다.

생각해 볼 점

특유의 냄새가 나서 중성화 수술을 하는 것이 좋다.	관리 필요
사람이 먹는 음식이나 채소, 과일을 주면 안 된다.	주의 필요
외로움을 타서 여러 마리를 함께 기르는 것이 좋다.	관리 필요
배변 훈련이 가능하나 오래 걸리는 편이다.	훈련 필요
전선 등을 물어뜯을 수 있다.	주의 필요
예방 접종을 꼭 해 주어야 한다.	관리 필요

나의 결론

　엄마는 얌전한 반려동물이 좋다고 하고 아빠는 활발한 반려동물이 좋다고 한다. (나는 반반이다.) 페럿을 데려온다면 분명 아빠가 더 좋아할 것 같다.

　페럿은 어두운 구석을 좋아해서 침대나 가구 아래에 들어가지 못하도록 빈 공간을 잘 막아야 한다. 참, 페럿이 너무 말썽을 피우면 목덜미를 살짝 잡아 주면 된단다.

　페럿에게 가장 끌리는 이유는 주변에 페럿을 키우는 사람이 드물기 때문이다. 페럿과 집 앞 놀이터로 산책을 나가면 모두가 부러워하겠지? (자랑하려고 페럿을 키우고 싶다고 한 것은 절대 아니다!)

　지금까지 페럿에 대해 많이 알아보았지만 더 열심히 찾아볼 거다. 나는 반려동물을 사랑하는 어린이니까 매일 공부할 준비가 되어 있다!

동물들이 자신을 보호하는 방법

야생에서 생활하는 많은 동물은 천적으로부터 자신을 보호하기 위해 점차 변화해 왔다.

토끼는 주변의 소리를 잘 듣기 위해 귀가 아주 크다. 그리고 단단하게 발달한 뒷다리로 적을 공격하거나 위험으로부터 빨리 도망칠 수 있다.

고슴도치는 천적을 만나면 등에 난 가시를 세우고 몸을 밤송이처럼 만다.

스컹크나 페럿은 항문에 있는 취선에서 독한 냄새를 내뿜는다. 독한 냄새로 적을 내쫓는다.

거북은 딱딱한 등껍질 안으로 머리와 발을 숨겨 스스로를 보호한다.

일부 도마뱀은 자신의 꼬리를 잘라서 적을 당황시킨 후 도망치기도 한다.

카멜레온은 몸의 색깔을 주변과 똑같이 바꿀 수 있다. 그래서 천적의 눈에 쉽게 띄지 않는다.

반려가족 후보를 소개합니다! ②

🐾 동생 찾기는 계속된다!

"그래서 도대체 어떤 반려동물이 마음에 드는 건데?"

나는 선인장을 향해 절규하듯 물었다. 매일 밤 반려동물에 대해 조사하느라 눈이 빨개졌다. 선인장은 내가 한 고생의 반의반도 모를 거다. 내가 이렇게 열심히 떠들고 있는데, 선인장은 매끈한 얼굴로 나를 보고 웃고만 있었다.

그러고 보니 선인장은 요즘 매일매일 햇볕을 쬐고 물도 잘 마셔서 아주 통통해졌다. 뒤통수에는 새로운 가지도 자랐다. 더 믿기 어려운 사실은 그렇게 보기 힘들다는 꽃까지 핀 것이다. 내 책상에서 빼빼 말라 가던 때하고는 완전 딴판이다. 이게 다 내가 선인장을 열심히 돌봐 준 덕분이다.

"아들, 요즘 선인장을 너무 예뻐하는 거 아니야?"

"그러게. 반려동물이 아니라 선인장을 키울 생각인가 봐."

내가 왜 선인장에 신경 쓰는지 엄마 아빠는 상상도 못 할 거다. 매일 밤 아들이 선인장에게 "나를 제대로 키울 수 없으면 반려동물도 키울 수 없어!"라고 협박을 받는 사실은 꿈에도 모르겠지?

"네가 보고한 반려동물은 모두 훌륭했어. 정말이야, 아주 좋아. 누가 오든 대환영이야!"

　선인장은 기분이 좋은 날이면 내 마음대로 하라고 했다.

하지만 조금이라도 기분이 나쁘면,

"아직 나는 결정 못 내렸거든? 날 무시하는 거야?"

　이렇게 툴툴댔다. 나도 모르는 사이 선인장과 이렇게 티격태격 떠드는 일에 익숙해졌나 보다. 학교 수업을 마치고 집으로 돌아왔는데, 선인장이 인사도 없이 자고 있으면 섭섭하니 말이다.

그래서 결국 어떻게 되었냐고? 나는 아직도 반려동물을 찾는 중이다.

반려동물은 나하고만 사는 게 아니니까 가족이 모두 동의해야 한다. 어느새 선인장도 가족이 되어 있었다. 가족 중 선인장이 가장 까다롭다. 하지만 까다롭다고 선인장이 싫지는 않다. 반려동물을 결정하는 일은 동물에게도 사람에게도 식물에게도 아주 중요한 일이니까!

나는 선인장이 정말 좋아하는 반려동물을 입양할 생각이다. 내 반려동물은 내가 없는 동안에도 선인장과 잘 지내야 한다. 가끔 둘이서 햇볕을 쐬면서 낮잠을 잘 수 있다면 더 좋겠다.

오늘도 나는 선인장과 거실에 나란히 누워 어떤 동물을 키우면 좋을지 이야기했다.

"앞 동에 사는 작은 이모네 개가 새끼를 낳았대. 같이 가 볼래?"

"어디 사진 좀 봐 봐. 난 얼굴을 보면 성격이 다 보여."

"개가 개지. 성격이 따로 있냐?"

"넌 아직도 멀었어. 같은 동물이라도 성격은 다 다르다고."

"하긴, 모든 선인장이 너처럼 까다롭고 가족을 괴롭히진 않을 거야."

내 말에 선인장이 오랜만에 가시를 세웠다. 어휴, 정말 못 말린다.

이모네에 가니 강아지들이 꼬물거리고 있었다. 자꾸 웃음이 나왔다.

저 녀석들 중 과연 내 반려동생이 있을까?

선인장, 네가 보기엔 어때?

 반려동물을 입양한 후에도 문제가 생기면 반드시 전문가와 상의하도록 합시다.

빈 항목을 채워 가족 앞에서 선서해 보자.

선서문

나 _____ 은(는) 한 가족이 될 _____ 에게 아래와 같이 선서합니다.

하나. 먹이를 꼬박꼬박 챙겨 주겠습니다.

둘. 배변 훈련을 잘 못해도 절대 화내지 않겠습니다.

셋. _____

넷. _____

다섯. _____

여섯. _____

일곱. _____

여덟. _____

아홉. _____

열. 평생 함께할 것을 약속합니다.

나는 나의 의지에 따라 명예를 걸고 이를 엄숙하게 선서합니다.

년   월   일

반려자 _____ (인)